Genossenschaftsforum e.V.

Wohnungsgenossenschaften vor Ort

Ein Stadtführer durch die Berliner Bezirke

edition arkadien

DANKSAGUNG

Ein Dank gilt allen Mitgliedsgenossenschaften des Forums, die durch ihre Unterstützung, Datenübermittlung und das Öffnen ihrer Archive halfen, das genossenschaftliche Bauen, Wohnen und Leben in den einzelnen Bezirken und Stadtteilen mit anschaulichen Beispielen zu belegen und damit einer breiten Öffentlichkeit zugänglich zu machen.

IMPRESSUM

ISBN 978-3-930075-40-9
edition arkadien, Berlin 2012
Amann, Heidepriem, von Neumann-Cosel

Herausgeber:
Genossenschaftsforum e.V.
Machonstraße 25
12105 Berlin
Tel. 030 – 302 38 24
Fax 030 – 306 22 64

www.Berliner-Genossenschaftsforum.de

Konzept, Texte und Redaktion:
Renate Amann und
Barbara von Neumann-Cosel

Layout und Satz:
sign.Berlin Communications GmbH
www.sign-berlin.de

Druck:
Druckerei Conrad GmbH, Berlin

VORWORT

Der genossenschaftliche Stadtführer durch die Berliner Bezirke erscheint zum Internationalen Jahr der Genossenschaften, das die Vereinten Nationen für 2012 ausgerufen haben. Im breiten Spektrum der Branchen, darunter Banken, Energie oder Dienstleistungen, sind es gerade in Berlin die Wohnungsgenossenschaften, die in einer über 125-jährigen Tradition die Stadt mitprägten.

Für den Außenstehenden treten in der städtebaulichen Vielfalt Berlins die genossenschaftlichen Wohnanlagen oft in den Hintergrund. Ein Anliegen dieser Publikation ist es daher, hier eine Lücke in der bisherigen Wahrnehmung zu schließen und die Akteursrolle von Wohnungsgenossenschaften im Stadtbild stärker hervorzuheben. Dabei geht es nicht nur um die Betonung einzelner Architekturleistungen, sondern um das Aufzeigen ganzheitlicher Ansätze im baulichen, sozialen und kulturellen Bereich.

Die Bandbreite an Standorten und Wohnqualitäten ist beachtlich und reicht vom innerstädtischen Denkmalensemble über Siedlungen der klassischen Moderne bis zu gemeinschaftsorientierten und generationsübergreifenden Neubauprojekten für unterschiedliche Zielgruppen. An traditionelle Selbsthilfeideen anknüpfend entstand zudem eine Vielzahl an Zusatzeinrichtungen wie Mitgliedertreffpunkte, Service-Center, Sporteinrichtungen oder Concierge-Dienste.

Die Gliederung des Buches lehnt sich an die Einteilung Berlins in 12 Stadtbezirke an. Neben einführenden Seiten, die sowohl historische Rahmenbedingungen als auch genossenschaftliche Entwicklungen im kurzen Überblick skizzieren, werden beispielhafte Projekte aus dem Kreis der 33 Mitgliedsunternehmen des Genossenschaftsforums vorgestellt. Hierbei fiel die Auswahl unter den vielen interessanten Ansätzen nicht leicht. Der vorliegende Überblick soll für den Leser daher nur erste Anregungen und Impulse geben, selbst auf die Spurensuche zu der vielfältigen, lebendigen und sich im ständigen Wandlungsprozess befindlichen Berliner Genossenschaftsbewegung zu gehen.

Berlin, im Juli 2012

Renate Amann und Barbara von Neumann-Cosel
Genossenschaftsforum e.V.

INHALT

BERLIN – ZENTRUM GENOSSENSCHAFTLICHER WOHNREFORM SEIT ÜBER 100 JAHREN

Wie keine andere deutsche Stadt ist Berlin über die Jahrzehnte durch die baulichen und sozialen Aktivitäten seiner Wohnungsbaugenossenschaften geprägt. Bestimmt wird ihre Wirkung im Stadtbild nicht nur über die Anzahl der mittlerweile 185.000 Wohnungen von über 90 genossenschaftlichen Unternehmen, sondern vor allem durch die mitgliederorientierten und wohnreformerischen Zielsetzungen.

Berlin ist in der wilhelminischen Kaiserzeit die Metropole der Mietskasernen, als Reaktion entwickeln sich hier aber auch Gegenentwürfe in großer Vielfalt. Die ersten Genossenschaften weisen bald eine Bandbreite von staatstreuen Beamten-Bau-Vereinen über sozialreformerische Initiativen bis hin zu oppositionellen Siedlerbewegungen auf. Abhängig von baulichen, wirtschaftlichen und sozialen Ansätzen bieten die frühen Bauten ein breites Spektrum von innerstädtischen Wohnanlagen bis hin zu Gartenstadtsiedlungen in den Vororten. Quantitativ zeigen sie in dieser Ära noch wenig Wirkung, umso größer aber ist ihre Bedeutung für die damalige politische Diskussion als einzige Alternative zum spekulativen Wohnungsbau.

Erst ab Mitte der 20er Jahre wird mit dem Ausbau staatlicher Förderprogramme der genossenschaftliche Wohnungsbau auf eine breitere Basis gestellt. Viele der kleinen Mitgliederunternehmen vervielfachen innerhalb der wenigen wirtschaftlich stabilen Jahre der Weimarer Republik ihre Bestände. Die sozialdemokratisch orientierten Genossenschaften kooperieren in dieser Phase im gewerkschaftlich-gemeinwirtschaftlichen Gehag-Verbund. Die Bestimmungen der neuen Bauordnungen von 1925 und 1929 sowie die Bereitstellung größerer Grundstücke führen erstmals zu genossenschaftlichen Wohnquartieren in neuen Dimensionen.

Bis heute haben die baulichen und sozialen Qualitäten der Reformsiedlungen der 20er Jahre Vorbildcharakter. Die Weltwirtschaftskrise und ab 1933 die Gleichschaltungspolitik der Nationalsozialisten beenden die lebenskulturelle Vielfalt der wohnreformerischen Initiativen abrupt.

Mit der politischen Spaltung der Stadt teilt sich auch die genossenschaftliche Entwicklung. In Ostberlin entsteht mit der Arbeiterwohnungsbaugenossenschaft (AWG) ein eigener Typus. Die ersten Häuser werden zunächst noch mit umfangreicher staatlicher Unterstützung und baulicher Selbsthilfe der Mitglieder errichtet, im Zuge fortschreitender Industrialisierung des Baugeschehens verlieren die Genossenschaften jedoch ihre eigene Bauherrenfunktion und beschränken sich auf die reine Verwaltung. In Westberlin werden Genossenschaften unter den Bedingungen des Wohnungsgemeinnützigkeitsrechts zu Organen staatlicher Wohnungspolitik. In beiden Teilen tragen ihre Neubauten jedoch erheblich zur Entlastung des Wohnungsmarkts bei. Erst nach der Wiedervereinigung beginnen sich die Konturen der genossenschaftlichen Unternehmen wieder zu schärfen. Einzelne Neugründungen und eine Neuorientierung der traditionellen Genossenschaften tragen zur Wiederbelebung gemeinschaftlicher Ansätze bei.

Heute sind die Berliner Initiativen durch weitgehend modernisierte Bestände mit einer Vielzahl von gemeinschaftlichen Einrichtungen sowie kleinere Neubauvorhaben geprägt. Seit mehr als 100 Jahren stellt das genossenschaftliche Modell hier die Kraft solidarischen Wirtschaftens als Verbindung von bewohnerorientierten Bauformen, ökonomischer Sicherheit mit sozialer Nachhaltigkeit eindrucksvoll unter Beweis.

DIE MITGLIEDER DES GENOSSENSCHAFTSFORUMS IN DEN BERLINER BEZIRKEN

1 **Arbeiter-Baugenossenschaft „Paradies“ eG**
Paradiesstraße 240 | 12526 Berlin

2 **Baugenossenschaft „Freie Scholle“ zu Berlin eG**
Schollenhof 7 | 13509 Berlin

3 **Baugenossenschaft IDEAL eG**
Britzer Damm 55 | 12347 Berlin

4 **Baugenossenschaft Reinickes Hof eG**
Reinickes Hof 14 | 13403 Berlin

5 **bbg BERLINER BAUGENOSSENSCHAFT eG**
Pacelliallee 3 | 14195 Berlin

6 **Beamten-Wohnungs-Verein zu Berlin eG**
Lutherstraße 11 | 12167 Berlin

7 **Beamten-Wohnungs-Verein zu Köpenick eG**
Weskammstraße15 | 12279 Berlin

8 **Berliner Bau- und Wohnungsgenossenschaft von 1892 eG**
Knobelsdorffstrasse 96 | 14050 Berlin

9 **Bewohnergenossenschaft FriedrichsHeim eG**
Pufendorfstr. 11 | 10249 Berlin

10 **„Bremer Höhe“ eG Wohnungsbaugenossenschaft**
Schönhauser Allee 59 b | 10437 Berlin

11 **Charlottenburger Baugenossenschaft eG**
Dresselstraße 1 | 14057 Berlin

12 **Erste Wohnungsgenossenschaft Berlin-Pankow eG**
Arkonastraße 45 – 49 | 13189 Berlin

13 **EVM Berlin Erbbauverein Moabit eG**
Paulsenstraße 39 | 12163 Berlin

14 **Gemeinnützige Baugenossenschaft Steglitz eG**
Kniephofstraße 58 |12157 Berlin

15 **GeWoSüd**
Genossenschaftliches Wohnen Berlin-Süd eG
Eythstraße 45 | 12105 Berlin

16 **Märkische Scholle Wohnungsunternehmen eG**
Paderborner Straße 3 | 10709 Berlin

17 **Mariendorf-Lichtenrader Baugenossenschaft eG**
Rathausstrasse 5 | 12105 Berlin

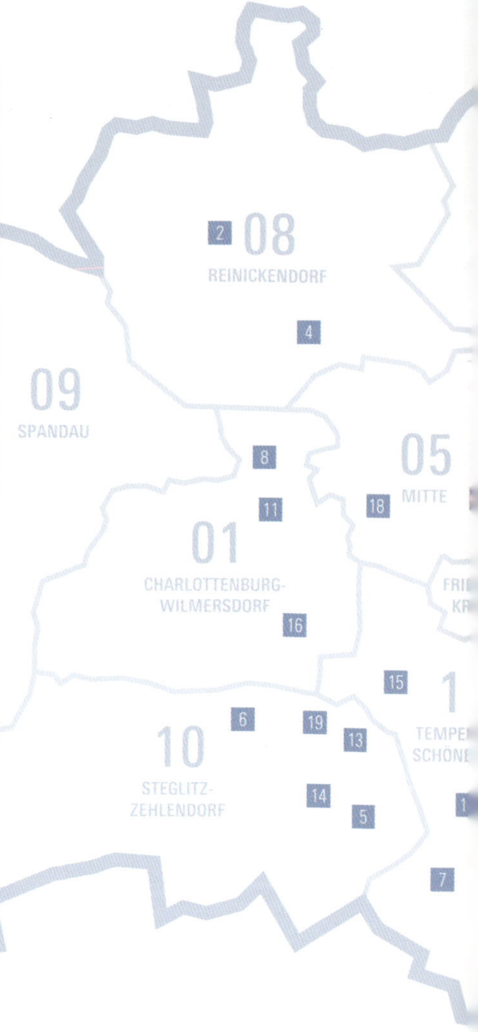

18 **Mietergenossenschaft Unionplatz Tiergarten eG (MUT)**
Unionstrasse 6 | 10551 Berlin

19 **wbv Wohnungsbau-Verein Neukölln eG**
Spinozastraße 7/9 | 12163 Berlin

20 **WGLi Wohnungsgenossenschaft Lichtenberg eG**
Landsberger Allee 180 B |10369 Berlin

21 **Wohnungsbaugenossenschaft „Am Ostseeplatz" eG**
Hosemannstraße 16 | 10409 Berlin

22 **Wohnungsbaugenossenschaft „Amtsfeld" eG**
Müggelheimer Str. 17C | 12555 Berlin

23 **Wohnungsbaugenossenschaft „Berolina" eG**
Sebastianstraße 24 | 10179 Berlin

24 **Wohnungsbaugenossenschaft DPF eG**
Gundelfinger Straße 8a | 10318 Berlin

25 **Wohnungsbaugenossenschaft „Humboldt-Universität" eG**
Warnitzer Straße 13 | 13057 Berlin

26 **Wohnungsbaugenossenschaft Köpenick Nord eG**
Kaulsdorfer Straße 209 | 12555 Berlin

27 **Wohnungsbau-Genossenschaft „Treptow Nord" eG**
Kiefholzstraße 289 | 12437 Berlin

28 **Wohnungsbaugenossenschaft Wuhletal eG**
Ludwigsluster Straße 8 | 12619 Berlin

29 **Wohnungsgenossenschaft Johannisthal eG**
Sterndamm 200 A | 12487 Berlin

30 **Wohnungsgenossenschaft MERKUR eG**
Volkradstraße 9e | 10319 Berlin

31 **Wohnungsgenossenschaft Neukölln eG**
Sonnenallee 91 | 12045 Berlin

32 **Wohnungsgenossenschaft „Treptow-Süd" eG**
Neltestraße 2 | 12489 Berlin

33 **Wohnungsgenossenschaft „WEISSENSEE" eG**
Berliner Allee 231 | 13088 Berlin

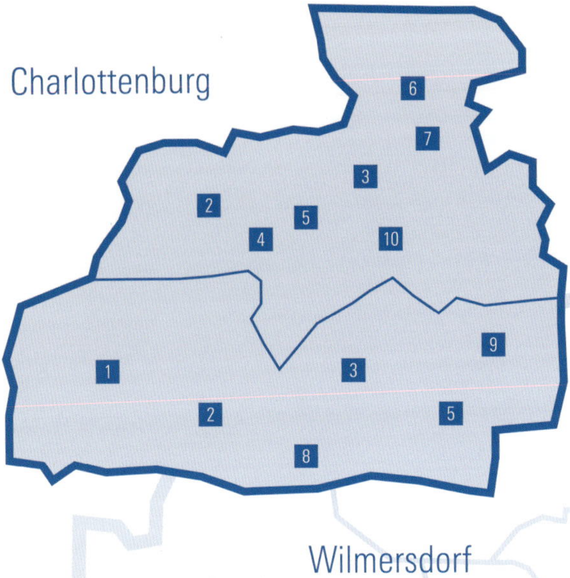

Die City-West, im Wesentlichen bestimmt durch die bis 2001 eigenständigen Stadtbezirke Charlottenburg und Wilmersdorf, nimmt eine bedeutende Rolle im Wohn- und Wirtschaftsleben der Hauptstadt ein. Durch zentrale kulturelle Einrichtungen, darunter die Technische Universität und die Universität der Künste, großzügige Parkanlagen, den Wasserreichtum an Seen und der Spree, bieten sich hohe Lagequalitäten im Wohnungsbau. Gleichwohl gibt es ein breites Spektrum an Differenzierungen: vom repräsentativen Kurfürstendamm über gutbürgerliche Wilmersdorfer Wohnviertel, Villenvororte in Neu-Westend oder Grunewald bis zum typischen Altstadtkiez um den Klausener Platz.

Genossenschaften begannen hier schon kurz nach der Jahrhundertwende, damals noch außerhalb der Berliner Kernstadt, fortschrittliche Alternativen zum Elend der Mietskasernen zu errichten. Erstmals entstanden großzügige Wohnhöfe mit

01 | Charlottenburg-Wilmersdorf

Die Bestände der Mitglieder des Genossenschaftsforums im Bezirk

1	bbg BERLINER BAUGENOSSENSCHAFT eG	143 Wohnungen
2	Beamten-Wohnungs-Verein zu Berlin eG	815 Wohnungen
3	Beamten-Wohnungs-Verein zu Köpenick eG	1.253 Wohnungen
4	Berliner Bau- und Wohnungsgenossenschaft von 1892 eG	1.276 Wohnungen
5	Charlottenburger Baugenossenschaft eG	1.202 Wohnungen
6	EVM Berlin Erbbauverein Moabit eG	525 Wohnungen
7	Gemeinnützige Baugenossenschaft Steglitz eG	120 Wohnungen
8	Märkische Scholle Wohnungsunternehmen eG	577 Wohnungen
9	wbv Wohnungsbau-Verein Neukölln eG	549 Wohnungen
10	Wohnungsgenossenschaft Neukölln eG	40 Wohnungen

Gemeinschaftseinrichtungen und einem aktiven Siedlungsleben. Auch die Bauten der 20er Jahre wurden zum Teil über die Bezirksgrenzen hinaus zum Vorbild. Die Nachkriegsära brachte in Stadtteilen wie Charlottenburg-Nord oder im Rheinischen Viertel neue Perspektiven im zeitgenössischen aufgelockerten Städtebau.

Inzwischen haben sich genossenschaftliche Traditionen schrittweise an aktuelle Anforderungen angepasst. Denkmalgeschützte Siedlungen und Bauten des sozialen Wohnungsbaus wurden energieeffizient saniert. Eine Palette an Service-Leistungen sowie einzelne Neubauprojekte zeigen die Weiterinterpretation in Bezug auf neue Wohnbedürfnisse und Lebensstile.

EINE WACHSENDE GENOSSENSCHAFTS-SIEDLUNG AUS DREI EPOCHEN

Renovierte Fassade in der Haeseler Straße

Wohnhaus und Geschäftsstelle mit genossenschaftlicher Spareinrichtung in der Knobelsdorffstraße

Die Siedlung Charlottenburg der Berliner Bau- und Wohnungsgenossenschaft von 1892 eG umfasst drei Epochen genossenschaftlichen Reformwohnungsbaus: Kaiserzeit, Weimarer Republik und die Ära des sozialen Wohnungsbaus. Alle Bauabschnitte sind mit ambitionierten Architekten entstanden und zeigen beispielhafte städtebauliche Konzepte.

Für die erste Etappe beiderseits der Haeselerstraße wich der Messelschüler Paul Kolb von der vorherrschenden Blockrandbebauung ab und entwarf einen mäanderförmigen Wechsel von Ehren- und Innenhöfen, der eine optimale Belichtung und Erschließung der 859 Wohnungen ermöglichte. Schon zur Entstehungszeit gab es innenliegende WCs und zum großen Teil Balkone. Badezimmer und Waschküchen befanden sich in den Dachgeschossen.

Berliner Bau- und Wohnungsgenossenschaft von 1892 eG

- Bauzeit: I 1906–13, II 1928–29 und III 1962
- Wohnungen: 1.276 Wohnungen
- Architekten: I Paul Kolb, II Otto Rudolf Salvisberg, Jean Krämer, III Hans Hoffmann
- Lage: Haeseler-, Soor-, Königin-Elisabeth- und Knobelsdorffstraße

Die unmittelbare Nähe der Arbeitersiedlung zum Villenviertel Westend und vor allem das 1913 errichtete „Wohlfahrtshaus" mit Bibliothek, Festsaal und Kegelbahnen erregten damals große Aufmerksamkeit.

Modernisierte Bauten der 60er Jahre von Hans Hoffmann

Mietergarten im dritten Bauabschnitt

Den dritten Bauabschnitt östlich der Königin-Elisabeth-Straße entwarf der Architekt und Genossenschaftsvorstand Hans Hoffmann, der wegen seiner Vorliebe für transparente Fassaden und begehbare Blumenfenster den Beinamen „Glas-Hoffmann" erhielt. Dieser Siedlungsteil ist in den letzten Jahren grundlegend modernisiert und mit neuer Farbgestaltung versehen worden. Den Bewohnern stehen heute ein Tagescafé, ein Concierge-Service mit Galerieräumen in der Haeselerstraße sowie zwei Gästewohnungen zur Verfügung.

Der Weiterbau an der Knobelsdorffstraße in den 20er Jahren umfasste 208 Wohnungen, die mit Zentralheizungen und Warmwasserversorgung bereits einen wesentlich höheren Standard aufwiesen. Die Planungen des Architektenteams Krämer/Salvisberg beinhalteten auch die gegenüberliegenden Bauten der Straßenbahn-Betriebsgesellschaft. Im 8-geschossigen „Hochhaus" Nr. 96 hielt 1929 die Geschäftsstelle der Genossenschaft Einzug.

Concierge-Einrichtung in der Haeseler Straße 1

Wohnhaus und Geschäftssitz an der Dresselstraße

Fassadendetail mit Schmuckelementen

BAUVIELFALT RUND UM DEN KAISERDAMM

Die 1907 gegründete Charlottenburger Baugenossenschaft eG hat im namensgebenden Stadtteil ihre Ursprünge und repräsentiert mit unterschiedlichen Wohnanlagen ein Spektrum des genossenschaftlichen Bauens von über 100 Jahren.

Im Bereich rund um den Kaiserdamm entstand ein wichtiger Schwerpunkt, hier ist auch der Sitz der Geschäftsstelle. Das Grundstück an der Dressel- und Riehlstraße, unweit des Lietzensees, hatte ab 1923 verschiedene Interessenten angelockt. Zunächst kam es zu Bauplanungen für eine Moschee, die jedoch nicht realisiert wurden. Auch ein nächster Projektträger scheiterte bereits im Rohbau an seinem ehrgeizigen Wohnprojekt, so dass schließlich die „Charlotte" zum Zuge kam und die Entwürfe in modifizierter Form umsetzte. Mit dem Bau von großen Komfortwohnungen, Aufzügen und Zentralheizung konnten auch wohlhabendere Mitglieder gewonnen werden.

Charlottenburger Baugenossenschaft eG

- Bauzeit: 1926–28, 1994
- Wohnungen: 114
- Architekten: Leschnitzer, Jürgen Sawade (Neubau)
- Lage: Karree zwischen Dressel-, Riehlstraße und Kaiserdamm

Verspiegelter Laubengang am Kaiserdamm

Das fünfgeschossige Wohnprojekt am S-Bahnhof Witzleben (ICC/Messe Nord) musste jedoch in den 60er Jahren die Trasse der parallel laufenden Stadtautobahn verkraften. Seitdem hat die Siedlung vielfältige Aufwertungen, u.a. durch Einbau von Schallschutzfenstern und 2011 Neugestaltung eines Kinderspielplatzes im Innenhof erfahren. Auch bietet eine der insgesamt sechs Gästewohnungen der „Charlotte" in diesem Wohngebiet Platz für Übernachtungsbesuch der Genossenschaftsmitglieder.

Wohnen zum ruhigen Innenhof an der Riehlstraße

Mitte der 90er Jahre kam es zum Neubau an der Ecke Kaiserdamm und Riehlstraße. Hier wurde gleich im Anfangsstadium der Verkehrslage Rechnung getragen. Durch einen Riegel mit Büro- und Gewerberäumen sowie dem verglasten Laubengang zur Stadtautobahn konnte ein hoher Lärmschutz erzielt werden. Gleichzeitig ermöglichte die einbündige Anordnung der Wohnungen die Orientierung zum ruhigen Innenhof.

Trotz der schwierigen Umfeldbedingungen hat der Architekt Jürgen Sawade mit dem Gebäude ein reizvolles Ensemble geschaffen. Vom Kaiserdamm bietet die spiegelnde Glasfassade des Laubengangteils einen markanten städtebaulichen Blickpunkt, während der innenliegende Wohnbereich zur Riehlstraße mit seiner strengen geometrischen Ordnung und dem begrünten Innenbereich eine kleine Oase darstellt.

Sanierte Fassade in der Württembergischen Straße

Das Geschäftshaus in der Paderborner Straße 3

INNERSTÄDTISCHES WOHNEN ZWISCHEN HALENSEE UND KURFÜRSTENDAMM

Die Siedlung der Märkischen Scholle eG zwischen Düsseldorfer-, Sächsische-, Darmstädter- und Württembergische Straße zeichnet sich durch ihre attraktive Lage in der City-West aus. Die Ära des sozialen Wohnungsbaus setzte hier ab 1959 neue Maßstäbe, nachdem ein großer Teil der alten Blockrandbebauung im Zweiten Weltkrieg zerstört worden war. Die inzwischen sanierten Gebäude im sachlichen Stil der 50er Jahre wurden überwiegend mit Kleinwohnungen errichtet und verfügen heute über Gäste-Apartments sowie ein von den Bewohnern gern genutztes Waschhaus auf neuestem technischem Standard.

Auch die Geschäftsstelle in der Paderborner Straße wurde schrittweise dem wachsenden Verwaltungsaufwand u.a. durch Aufstockung angepasst, im Jahr 2012 erfolgt die grundlegende Neuorganisation und Modernisierung der Innenräume.

Märkische Scholle Wohnungsunternehmen eG

- Bauzeit: I 1959, II 2012
- Wohnungen: I 287, II Neubau 12
- Architekten: IBT GmbH (Neubau)
- Lage: Wohnblock Düsseldorfer-, Sächsische-, Darmstädter- und Württembergische Straße

Geplanter Neubau in der Düsseldorfer Straße 24 a/b

Aktuell ist eine Lückenschließung in der Düsseldorfer Straße geplant. Hiermit wird auf den demografischen Wandel und das zunehmende Alter der Mitglieder reagiert und dem Bedarf an barrierefreiem Wohnraum Rechnung getragen. Das siebengeschossige Gebäude soll als „KfW-Effizienzhaus 55" mit thermischer Solarenergienutzung errichtet werden. Die Ausstattung der insgesamt 12 Wohnungen entspricht gehobenem Standard inklusive Fußbodenheizung sowie großen Balkonen und Terrassen. Im Erdgeschoss sind Gemeinschaftsräume und ein Mietercafé vorgesehen.

So stellen die baulichen Maßnahmen der „Märkischen Scholle" auch ein interessantes Beispiel für den bewohnerorientierten Umgang mit den Beständen aus der frühen Phase des sozialen Wohnungsbaus dar und zeigen Anpassungsmöglichkeiten an aktuelle Wohnstandards auf.

Wohnhof mit Waschhaus und Spielplatz

Hausfassade Borkumer Straße nach der Erneuerung

GENOSSENSCHAFTLICH WOHNEN IN SCHMARGENDORF

In den 20er Jahren konnte der Beamten-Wohnungs-Verein zu Köpenick auf einem ehemaligen Laubengelände ein Pendant zu seinen beeindruckenden Stammbauten in Köpenick errichten. Der erst 1920 zu Berlin eingemeindete Ortsteil Schmargendorf galt bereits damals durch seine Nähe zu den Villenvierteln in Grunewald und Dahlem, zur westlichen Innenstadt wie auch den Ausflugsgebieten an den Havelseen als besonders attraktive Wohnlage.

Städtebaulich orientierten sich die Architekten am Landhauscharakter der umgebenden Bebauung sowie an der ansteigenden Topografie des Geländes. In der Anlage entstand ein breites Spektrum von zweigeschossigen, offenen Hauszeilen im Süden und bis zu viergeschossigen Blockrandbebauungen mit begrünten Innenhöfen im nördlichen Teil.

Beamten-Wohnungs-Verein zu Köpenick eG

- Bauzeit: 1926–31, 1939, Lückenschließung und Dachgeschossausbauten: 1973–74, 1986–90
- Wohnungen: 1.126
- Architekten: Wagenknecht & Kaiser
- Lage: Schmargendorf, Wohngebiet zwischen Heiligendammer- , Helgoland-, Norderneyer-, Borkumer und Sylter Straße

Die vornehmlich 2- bis 4,5-Zimmer-Wohnungen, die in ihrer Entstehungszeit noch den Genossenschaftsmitgliedern aus Kreisen der Beamten und Staatsangestellten vorbehalten waren, zeichneten sich durch großzügige Grundrisse mit innenliegenden Bädern und Loggien sowie Mietergärten in den Hofbereichen aus. Mit Teilung der Stadt übernahm die Zweigniederlassung in der Heiligendammer Straße 26 die Verwaltung der genossenschaftlichen Wohnbestände im Westteil Berlins. In den 70er und 80er Jahren kam es in Verbindung mit einer Lückenschließung zum Ausbau von Dachgeschosswohnungen in der Heiligendammer und Norderneyer Straße.

1925 – 26 errichteter Bauteil Sylter Straße

Nachbarschafts-Treff in der Sylter Straße 12

Neuland beschritt die Genossenschaft in den 70er Jahren mit dem Bau eines Hallenschwimmbads im Innenhof Heiligendammer Straße 40. Bis heute ist dies ein beliebter Treffpunkt für die rund 2.000 Bewohner.

Genossenschaftseigenes Hallenschwimmbad

Zudem bietet die mittlerweile denkmalgeschützte und modernisierte Siedlung in einem ehemaligen Ladengeschäft Gemeinschaftsräume mit Cafébereich, Spielecke und Versammlungsräumen. Seit seiner Eröffnung im Jahr 2007 erfreut sich der „Nachbarschafts-Treff" mit einem umfangreichen Beratungs- und Veranstaltungsangebot großen Zuspruchs unter den Anwohnern. Hier hält auch die Spareinrichtung der Genossenschaft, die allen Mitgliedern und deren Angehörigen attraktive Anlagemöglichkeiten anbietet, ihre Sprechstunden ab.

Wohnhaus in der Spessartstraße

AUFGELOCKERTER STÄDTEBAU IM RHEINISCHEN VIERTEL

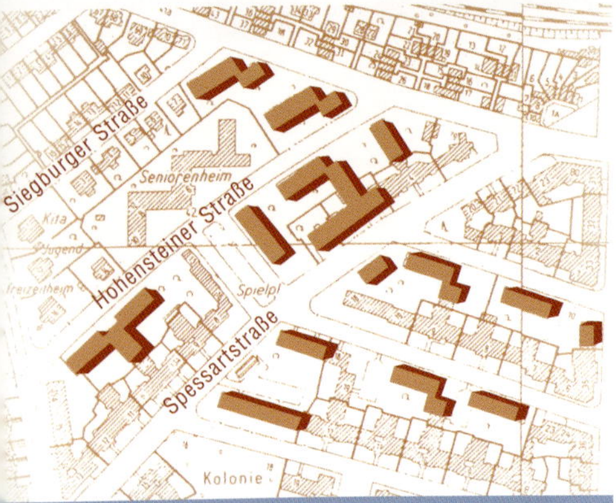

Lageplan der Genossenschaftsbauten

wbv Wohnungsbau-Verein Neukölln eG

- Bauzeit: 1960–64
- Wohnungen: 385
- Architekten: Below, Moegelin, Fähnrich
- Lage: Wohngebiet zwischen Hanauer-, Hohensteiner-, Laubacher-, Siegburger-, Spessart- und Offenbacher Straße

Nach Beendigung des Wiederaufbauprogramms begann für den Wohnungsbau-Verein Neukölln in den 60er Jahren eine Phase intensiver Bautätigkeit, die Gelegenheit gab, die neuen städtebaulichen Prinzipien des aufgelockerten Wohnens im Grünen in größerem Maßstab zu verwirklichen. Vor allem Familien mit Kindern, bislang oftmals in engen Wohnverhältnissen zusammengedrängt, waren nach langer Wartezeit froh, hier eine der begehrten Neubauwohnungen zu erhalten.

Im Sinne einer stärkeren Durchdringung von Natur und Gebäude und der Auflösung starrer Blockrandstrukturen mit Hinwendung zur „Stadtlandschaft" wurde eine Bebauung mit frei gestellten Hauszeilen konzipiert.

Luftbild mit Blick auf das „alte“ und „neue“ Rheinische Viertel

Die neue Siedlung mit knapp 400 Wohnungen entstand im Anschluss an das „Rheinische Viertel“ auf bereits in den Jahren 1940–42 vom wbv gekauften Baugrundstücken mit rund 35.000 m². Von den Architekturbüros Below sowie Moegelin & Fähnrich wurden die zwei- bis dreigeschossigen Hauszeilen mit ihren Wohnbereichen, Balkonen und Gärten zu großzügig gestalteten Außenflächen orientiert, wodurch der Eindruck des Wohnens im Grünen noch unterstützt wurde. Ein Hauptaugenmerk galt der Schaffung familiengerechter Grundrisse, die sich durch ineinander übergehende Wohn- und Essbereiche auszeichneten.

Zweigeschossige Hauszeilen in der Siegburger Straße

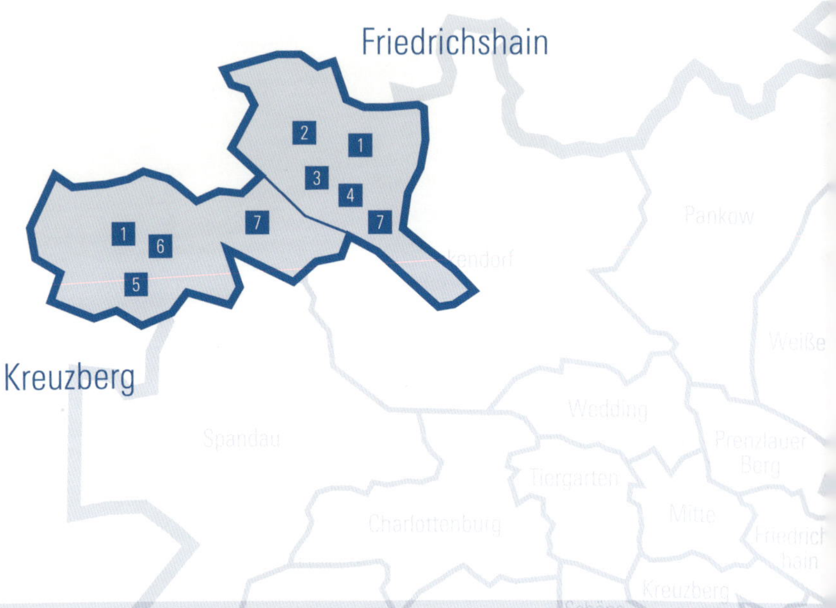

Friedrichshain-Kreuzberg ist der kleinste Berliner Bezirk, überregional prägt er jedoch das Image der Hauptstadt entscheidend mit – als Ort für Kreative und Lebenskünstler, in Altbaukiezen, Stadtvierteln mit Migrantenmilieus, aber auch gutbürgerlichen Wohngegenden bis zu Projekten von Baugruppen und Genossenschaften.

Der Ursprung des Stadtteils Friedrichshain geht auf das im 13. Jahrhundert entstandene Fischerdorf Stralau zurück. Sein Name bezieht sich auf den gleichnamigen Volkspark, der 1848 zum 100. Jahrestag der Thronbesteigung König Friedrich II. angelegt worden war. Auch Kreuzberg hat mit der 66 Meter hohen Erhebung im heutigen Viktoriapark eine landschaftsbezogene Referenz in seinem Namen.

Schon in der Wilhelminischen Kaiserzeit bildeten genossenschaftliche Siedlungen mit ihren großen Wohnhöfen sog. „Reforminseln" inmitten des steinernen Meers von Mietskasernen. Vor allem in den Arbeiterquartieren des Samariterviertels oder im Gebiet südlich der Frankfurter

02 | Friedrichshain-Kreuzberg

Die Bestände der Mitglieder des Genossenschaftsforums im Bezirk

1	Beamten-Wohnungs-Verein zu Berlin eG	569 Wohnungen
2	Berliner Bau- und Wohnungsgenossenschaft von 1892 eG	99 Wohnungen
3	Bewohnergenossenschaft FriedrichsHeim eG	565 Wohnungen
4	„Bremer Höhe" eG Wohnungsbaugenossenschaft	9 Wohnungen
5	EVM Berlin Erbbauverein Moabit eG	375 Wohnungen
6	Mariendorf-Lichtenrader Baugenossenschaft eG	94 Wohnungen
7	Wohnungsbaugenossenschaft „Am Ostseeplatz" eG	201 Wohnungen

Allee entstanden richtungsweisende Genossenschaftsprojekte mit besonderen baulichen und sozialkulturellen Ausrichtungen.

An diese Traditionen in neuer Interpretation anknüpfend, entwickeln sich derzeit vielfältige Initiativen: in Form des Erwerbs von Wohnungsbeständen, als Bewohnergenossenschaften, die ihre Häuser vor Verkauf an private Investoren in eigene Regie übernehmen oder als Neugründungen zur Schaffung selbstbestimmter und gemeinschaftsorientierter Wohnformen.

Vor allem in den Kreuzberger und Friedrichshainer Altbauvierteln wächst die Ausstrahlung genossenschaftlicher Nachbarschaften, die durch ihr Engagement und Vernetzung mit Partnern im Quartier zur sozialorientierten Stadtentwicklung mit beitragen.

WOHNANLAGE PROSKAUER STRASSE: GOLDMEDAILLE FÜR EINEN ARBEITERPALAST

Mit seiner dritten Siedlung in der Proskauer Straße erreichte der Berliner Spar- und Bauverein (heute: Berliner Bau- und Wohnungsgenossenschaft von 1892 eG) einen architektonischen Höhepunkt.
Die 1897–98 vom Vorstand und berühmten Baumeister Alfred Messel entworfene Gebäudegruppe errang bald internationale Anerkennung.

Das Außergewöhnliche an diesem „Arbeiterpalast" wird vor dem Hintergrund der damaligen Zeit deutlich. Im Gegensatz zur trostlosen Mietskasernenarchitektur der Umgebung gelang es hier, einen großzügigen innenliegenden Wohn- und Lebensbereich zu schaffen. Mit einer Ausdehnung von 40 Metern bot er vielseitige Möglichkeiten für Erholung und Freizeit. Gleichzeitig wurden innovative Ansätze im Bildungs-, Kultur- und Sozialbereich erprobt. Es gab Gemeinschaftsräume mit Bibliothek und Kindergarten, zwei Wirtshäuser sowie eine Bäckereigenossenschaft.

Wohn- und Lebensbereich im Innenhof

Berliner Bau- und Wohnungsgenossenschaft von 1892 eG

- Bauzeit: 1897–98
- Wohnungen: 99
- Architekt: Alfred Messel
- Lage: Eckgebäude an der Proskauer-, Schreiner- und Bänschstraße

Historische Ansicht mit Abbildung der im Jahr 1900 auf der Pariser Weltausstellung verliehenen Goldmedaille

Das Genossenschaftshaus zeigte zudem neue Qualitäten der formalen und konstruktiven Durchgestaltung. Der bis dahin von Architekten vernachlässigte Arbeiterwohnungsbau wurde durch Messel zu einem baukünstlerischen Thema erhoben und setzte durch gleichberechtigte Anordnung der Wohnungen Prinzipien eines „demokratischen Bauens" um.

Nach Jahrzehnten der kommunalen Verwaltung in der DDR-Zeit galt es für die „1892", die Siedlung ab den 90er Jahren in enger Kooperation mit den Denkmalschutzbehörden detailgetreu zu rekonstruieren. Im Juni 1997 erhielt die bauliche Wiederherstellung des Gesamtensembles den Friedrichshainer Bauherrenpreis.

Das renovierte Ensemble an der Ecke Proskauer- und Schreinerstraße

Gründerzeithaus in der Seumestraße

Bewohnergruppe aus der Wühlischstraße

VON DER KOMMUNALEN VERWALTUNG ZUR BEWOHNER-GENOSSENSCHAFT

Die Bewohnergenossenschaft Friedrichs-Heim eG entstand 1996 im Rahmen des Altschuldenhilfegesetzes als Ausgründung aus der städtischen Wohnungsgesellschaft Friedrichshain. Die damaligen Mieter hatten sich erfolgreich gegen den Verkauf ihrer Bestände durchgesetzt und sich für eine genossenschaftliche Lösung entschieden.

Die Instandsetzung der Gebäude stellte eine große Herausforderung dar. 1998–2001 erfolgten im Programm „Wohnungs-politische Selbsthilfe" diverse Teil- und Komplettsanierungen unter Mitwirkung der Bewohner. Neben nachhaltigen technischen Lösungen, wie solaren Warmwasser- und Regenauffanganlagen, wurde dabei auf die Wohnwünsche der Mitglieder eingegangen. So entstanden auch neue behinderten- und familiengerechte Wohnungen.

Bewohnergenossenschaft FriedrichsHeim eG

- Bauzeit:
  6 Gründerzeitbauten 1898–1918,
  5 Häuser aus den 1950er Jahren,
  2 WBS 70 Plattenbauten 1984–85
- Wohnungen: 565
- Lage: nördlich und südlich der Frankfurter Allee zwischen Straßmann-, Marchlewski- und Wühlischstraße

Neue Farbgestaltung für 50er Jahre Häuser in der Marchlewskistraße

Kindergeburtstag auf der Dachterrasse

Durch schrittweisen Zuzug und Einrichtung von Wohngemeinschaften verjüngte sich die Bewohnerschaft in den letzten Jahren. Die demokratische Mitgliederbeteiligung fördert hier nicht nur die bedarfsorientierte Entwicklung der Bestände, sondern auch die Einbindung ins Wohnquartier. Aktuell kooperiert die Genossenschaft mit sozialen und kulturellen Einrichtungen vor Ort und vermietet Räume u.a. an eine Fotogalerie und ein Obdachlosencafé.

Die Palette der Bautypen zeigt sich heute in der Vielfalt der Architekturstile und reicht von Gründerzeithäusern über Bauten der 50er Jahre bis zu sechsgeschossigen Plattenbauten des Typs WBS 70, deren Wohnumfeld auch in den Innenhofbereichen neu gestaltet wurde.

WBS 70 Bauten an der Ecke Rigaer-/Zellestraße

DER HELENENHOF – EINE WOHNOASE IN FRIEDRICHSHAIN

Blick in die interne Erschließungsstraße

Fassadendetail im Innenhof

Beamten-Wohnungs-Verein zu Berlin eG

- Bauzeit: 1905–06
- Wohnungen: 507
- Architekt: Erich Köhn
- Lage: Helenenhof sowie Holtei-, Sonntag-, Gryphius- und Simplonstraße

Der 1906 erbaute Helenenhof ist die größte Wohnanlage der Beamten-Wohnungs-Verein zu Berlin eG. Das unter Denkmalschutz stehende Ensemble setzt sich nicht nur durch seine anspruchsvoll gegliederten Fassaden mit zahlreichen Schmuckelementen von seiner Umgebung ab. Es zeigte schon zu seiner Entstehungszeit Alternativen auf, wie – im Gegensatz zur umgebenden Mietskasernenstruktur – wohnreformerische Ziele mit qualitätsvollem Bauen in Verbindung gebracht werden konnten.

Nach außen als geschlossene Blockrandbebauung errichtet, verfügt die Wohnanlage über eine private Erschließungsstraße, die im Zentrum eine platzartige Erweiterung bildet. Der Name „Helenenhof" wurde zur Erinnerung an Helene von Budde gewählt, Gattin des zur Grundsteinlegung am 20. Mai 1904 anwesenden preußischen Ministers für öffentliche Angelegenheiten.

Platzartige Erweiterung im Innenbereich des Helenenhofs

Die ersten Bewohner, damals alle der Beamtenschaft zugehörig, konnten sich über großzügig geschnittene Wohnungen mit bis zu fünf Zimmern, Erkeranbauten und Balkone sowie repräsentativ gestaltete Treppenhäuser freuen. Im geschützten Innenhof gab es Spielmöglichkeiten für die zahlreichen Kinder.

Nach Rückübertragung der Siedlung an die Genossenschaft wurden ab Mitte der 90er Jahre umfangreiche Sanierungs- und Modernisierungsmaßnahmen durchgeführt, die mit dem Friedrichshainer Bauherrenpreis 1997 besondere Anerkennung fanden. Die großräumigen Dächer ermöglichten die Schaffung von 69 modernen Dachgeschosswohnungen.

Auch die denkmalgeschützten Gartenanlagen wurden heutigen Bedürfnissen angepasst und bieten den Bewohnern attraktive Grün- und Freiflächen inmitten des innerstädtischen Quartiers.

Eckgebäude an der Gryphius- und Sonntagstraße

Fassadendetail der Giebelgestaltung

Blick in den Innenhof

WOHNEN AM VIKTORIAPARK

Unmittelbar vor Beginn des Ersten Weltkriegs stellte der Erbbauverein Moabit sein bis dahin größtes Bauvorhaben in der Kreuzberger Dudenstraße, die damals noch Dreibundstraße hieß, fertig. Das Grundstück konnte von der nahegelegenen Schultheißbrauerei erworben werden, deren typischer Maischegeruch besonders bei Regenwetter deutlich in der Luft lag. Die Lage am nahen Viktoriapark wird bis heute von den Bewohnern geschätzt.

Die Vorder- und Gartenhäuser waren damals mit hohem Wohnkomfort ausgestattet, alle Wohnungen erhielten Badeeinrichtungen, die Flure bunte Glasfenster sowie Treppenläufer. Die Innenhöfe wurden aufwändig gärtnerisch gestaltet und – wie damals im EVM üblich – in der warmen Jahreszeit mit Palmen ausgestattet. Der Baustil des gesamten Gebäudekomplexes kündigte schon durch eine sachlichere Gesamtgestaltung die moderne Formensprache der kommenden Epoche an.

EVM Berlin
Erbbauverein Moabit eG

- Bauzeit: 1913–14
- Wohnungen: 255
- Architekt: Adolf Mattheus
- Lage: Dudenstraße 26–38 (gerade)

Historische Ansicht der Wohnanlage

Im Zuge der Neubebauung des mittlerweile ungenutzten Brauereigeländes verlor die Gartenanlage ihren freien Blick. Nach anfänglicher Skepsis empfinden die meisten Bewohner den Bereich des neu entwickelten Viktoriaquartiers heute als Bereicherung für ihren Kiez.

In den letzten Jahren führte die Genossenschaft umfassende Investitionen durch – vor allem die Installation einer Photovoltaikanlage, der Einbau einer modernen Heizung und die detailgetreue Überarbeitung der denkmalgeschützten Treppenhäuser und Fassaden werten die Gebäude auf.

Die denkmalgeschützte Fassade an der Dudenstraße

GENOSSENSCHAFTS-HÄUSER IM NAUNYNKIEZ

Eckhaus Adalbert-/Waldemarstraße

Wohnungsbaugenossenschaft „Am Ostseeplatz" eG

- Bauzeit: 1850–70
- Wohnungen: 182
- Lage: Naunynkiez, u.a. Waldemar-, Naunyn-, Adalbertstraße

Im August 2007 erwarb die Wohnungsbaugenossenschaft „Am Ostseeplatz" eG zwölf Grundstücke mit insgesamt 182 Wohnungen und 11 Gewerbeeinheiten im Kreuzberger Naunynkiez von der städtischen Wohnungsbaugesellschaft Berlin-Mitte mbH (WBM). Sie liegen in der historischen Luisenstadt, die sich seit der Internationalen Bauausstellung 1984–87 im Zuge der behutsamen Stadterneuerung zu einem lebendigen, multikulturellen Stadtteil entwickelte, geprägt von Gründerzeithäusern sowie der „Kreuzberger Mischung" aus Wohnen und Arbeiten.

Im Rahmen des Forschungsprogramms EXWOST *„Genossenschaftliche Potenziale: Materielle Integration von MigrantInnen"* wurde das Projekt unterstützt, um auch der überwiegend aus der Türkei stammenden Bewohnerschaft eine ökonomische und soziale Integrationsbasis im Quartier zu ermöglichen.

Gründerzeithaus in der Adalbertstraße

Als tragende Säule der Partizipation werden im Kreuzberger Büro inzwischen Dienstleistungen zweisprachig (deutsch/türkisch) angeboten. Das Ziel einer hohen Identifizierung der neuen Mitglieder mit der Genossenschaft konnte so erreicht werden.

Nach dem Bestandserwerb wurden umfassende Sanierungsmaßnahmen durchgeführt, darunter der erstmalige Einbau von Zentralheizungen in fünf Häusern sowie die generelle energetische Instandsetzung. Auch durch Aufwertung der historischen Bausubstanz, Fassadenbemalungen sowie mit den Bewohnern gemeinsam entwickelte Hofgestaltungen ist die Wohnzufriedenheit hoch.

Für das Projekt Naunynkiez erhielt die WBG „Am Ostseeplatz“ den Genossenschaftspreis 2008 vom Bundesministerium für Verkehr, Bau- und Stadtentwicklung gemeinsam mit dem Bundesverband deutscher Wohnungs- und Immobilienunternehmen im Themenfeld „Strategie nach Neugründung“.

Innenhof in der Adalbertstraße

Fassadenbemalung in der Naunynstraße 83

Der Bezirk vereinigt typische Merkmale Berliner Stadtgeschichte: Landhaus- und Villenvororte, traditionelle Altbauquartiere, Großsiedlungen im Zeichen industrieller Plattenbauweisen der DDR-Zeit sowie aktuelle Neubauprojekte. Gesamtberliner Anziehungspunkte sind der Tierpark oder die Trabrennbahn in Karlshorst.

Mit der Eingemeindung 1920 zu Groß-Berlin wurde das Dorf Lichtenberg zum Namensgeber des 17. Stadtbezirks. Sowohl Zuwächse aber auch Flächenabtretungen wie beim Bau der Trabantenstadt Marzahn bestimmten spätere Zeitabschnitte. Der 1985 zunächst unabhängig entstandene Bezirk Hohenschönhausen wurde 2001 mit Lichtenberg zusammengeschlossen.

Galten die genossenschaftlichen Siedlungen der 20er Jahre noch als vereinzelte „Reforminseln", so veränderte sich die Situation mit Gründung der an große Industriebetriebe angeschlossenen Arbeiter-

03 | Lichtenberg

Die Bestände der Mitglieder des Genossenschaftsforums im Bezirk

1 Baugenossenschaft Reinickes Hof eG	157 Wohnungen
2 bbg BERLINER BAUGENOSSENSCHAFT eG	591 Wohnungen
3 Berliner Bau- und Wohnungsgenossenschaft von 1892 eG	170 Wohnungen
4 „Bremer Höhe" eG Wohnungsbaugenossenschaft	79 Wohnungen
5 EVM Berlin Erbbauverein Moabit eG	402 Wohnungen
6 Gemeinnützige Baugenossenschaft Steglitz eG	120 Wohnungen
7 WGLi Wohnungsgenossenschaft Lichtenberg eG	10.105 Wohnungen
8 Wohnungsbaugenossenschaft „Berolina" eG	168 Wohnungen
9 Wohnungsbaugenossenschaft DPF eG	1.143 Wohnungen
10 Wohnungsbaugenossenschaft „Humboldt-Universität" eG	3.407 Wohnungen
11 Wohnungsgenossenschaft MERKUR eG	1.254 Wohnungen

wohnungsbaugenossenschaften ab 1954 grundlegend. In kurzer Zeit wuchs deren Bestand auf rund ein Drittel der Gesamtwohnungen an.

Heute stellen vor allem die Großsiedlungsgebiete Fennpfuhl, Friedrichsfelde, Tierpark und der Stadtteil Hohenschönhausen genossenschaftliche Schwerpunkte dar und tragen mit ihren umfassend sanierten Beständen, neu gestalteten Fassaden, attraktivem Wohnumfeld und zahlreichen Gemeinschaftseinrichtungen zur Stabilisierung der Wohnsituation und Aufwertung des Bezirks mit bei. Neben baulichen Maßnahmen zählen hier vor allem aktive Nachbarschaften und die Bandbreite genossenschaftlichen Engagements der Bewohner vor Ort zu wesentlichen Qualitätsfaktoren.

GROSSSIEDLUNG FENNPFUHL: BAULICHE UND SOZIALE INITIATIVEN IM KIEZ

Die 1954 gegründete WGLi Wohnungsgenossenschaft Lichtenberg eG besitzt an zwei Standorten – Fennpfuhl und Friedrichsfelde-Süd – zusammen mehr als 10.000 Wohnungen und bietet damit etwa 25.000 Menschen ein Zuhause. Viel Grün, Spiel- und Sportplätze, Kitas, Schulen, gute Verkehrsanbindungen und Einkaufsmöglichkeiten sind lagebedingte Vorteile, die zunehmend von jungen Familien geschätzt werden.

1972 legte der damalige Lichtenberger Oberbürgermeister den Grundstein für die Großsiedlung Fennpfuhl. Auf einem 175 ha umfassenden Areal entstand das erste komplex geplante Wohngebiet in Ostberlin, das als Vorbild für die späteren Neubauvorhaben in Marzahn und Hohenschönhausen diente. Am 20. Juni 1973 wurden die Schlüssel für die ersten Wohnungen an Mitglieder der damaligen AWG Elektrokohle übergeben. Der Fennpfuhl bietet noch heute ein Naturidyll in Nähe des lebendigen Stadtteilzentrums.

Fennpfuhl mit der Wohnanlage Weißenseer Weg

Drachenbastelfest im Wohnhof

WGLi Wohnungsgenossenschaft Lichtenberg eG

- Bauzeit: 1954 – 77, 2000 (Geschäfts- und Wohnhaus)
- Wohnungen: 8.112
- Lage: Fennpfuhl rund um das Karree Landsberger Allee, Weißenseer Weg, Rudolf-Seiffert- und Erich-Kuttner-Straße

Das „Regenbogenhaus" in der Möllendorffstraße

In den 90er Jahren startete die WGLi ein umfassendes Sanierungs- und Modernisierungsprogramm. Im Rahmen von Fassadengestaltungen entstanden so bekannte Beispiele wie etwa die „Regenbogenfassade". Auch im Wohnumfeld werden genossenschaftliche Initiativen zunehmend sichtbar. Im Rahmen des Projekts „Bewohnerengagement im Kiez" bildete die WGLi sog. „KiezForen", die auch bei der Gestaltung von Hauseingangsbereichen, Innenhöfen oder Parkanlagen mitwirken.

Neben den baulichen und sozialen Aktivitäten rückt das Engagement für ökologische Nachhaltigkeit und Energieeffizienz immer mehr in den Vordergrund. Informationstafeln an den einzelnen Häusern geben darüber Auskunft.

Luftbild mit Blick auf den Fennpfuhl und die angrenzenden Wohnanlagen der WGLi

NACHHALTIGE UND BEWOHNERORIENTIERTE BESTANDSENTWICKLUNG IN FRIEDRICHSFELDE

Sanierte Fassade in der Salzmannstraße

Geschäfts- und Wohnhaus in der Volkradstraße 9e

Wohnungsgenossenschaft MERKUR eG

- Bauzeit: 1960–64, 1999 (Geschäfts- und Wohnhaus)
- Wohnungen: 610
- Lage: Wohngebiet Friedrichsfelde zwischen Volkrad-, Sewan- und Rummelsburger Straße

Die mit fast 1.600 Wohnungen kleine, aber sehr aktive Wohnungsgenossenschaft MERKUR eG hat sich modernen Wohnkomfort, umfassenden Mitgliederservice und Orientierung auf Umwelt- und Klimaschutz zur Aufgabe gestellt. Im Lichtenberger Ortsteil Friedrichsfelde liegt ein wichtiger Schwerpunkt des unternehmerischen Engagements.

Die Bestände zwischen Volkrad-, Sewan- und Rummelsburger Straße sind überwiegend viergeschossig und wurden zwischen 1958 und 1964 in Mauerwerks- bzw. Blockbauweise errichtet. In nur vier Jahren absolvierte die Genossenschaft Mitte der 90er Jahre komplexe Sanierungs- und Modernisierungsmaßnahmen. Bereits dabei kamen energetische Lösungen zum Einsatz, wie der Einbau von Solaranlagen in der Volkrad- und Sewanstraße, die für die MERKUR breite öffentliche Aufmerksamkeit mit sich brachten.

Blick auf die neu gestalteten Wohnhäuser in der Sewanstraße

Den folgenden baulichen Maßnahmen gingen intensive Befragungen und Beteiligung der Mitglieder voraus. Ebenso wurden in einem breiten Dialog mit den Bewohnern die Grundpfeiler der zukünftigen genossenschaftlichen Entwicklung festgelegt. Im Zentrum stand dabei die Verbesserung der Wohn- und Lebensbedingungen sowie die Entwicklung des genossenschaftlichen Lebens. So weisen die 2-4-Raum-Wohnungen heute alle Loggien oder Balkone auf und sind in ein gepflegtes Wohnumfeld mit Spielinseln eingebunden. Durch Kooperation mit sozialen und kulturellen Trägern vor Ort stehen insbesondere älteren Bewohnern Unterstützung und Freizeitangebote zur Verfügung.

In einem Pilotprojekt zur Umstellung auf energieeffiziente, ökologische Heizungsanlagen hat die WG MERKUR eG in der Volkradstraße 9a–d Gasetagenheizungen auf Fernwärme von Vattenfall mit Kraft-Wärme-Kopplung umgerüstet, die überzeugende wirtschaftliche Ergebnisse und damit Grundlagen für den künftigen Schwerpunkt in der energetischen Heizungserneuerung liefern.

Das Logo der MERKUR auf der Fassade Volkradstraße 1a–e

Historisches Foto des Neubaus Schwarzmeerstraße

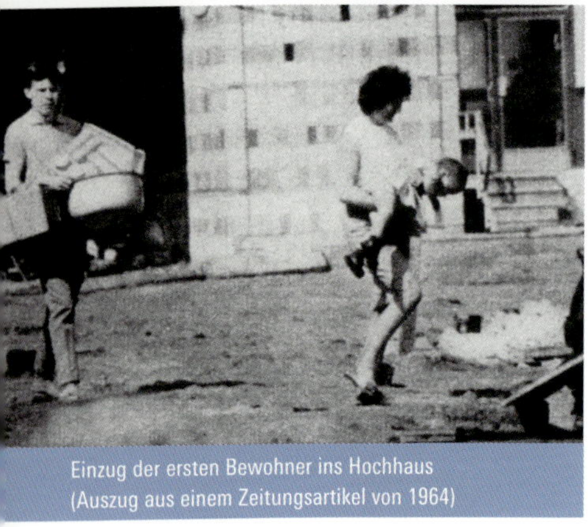

Einzug der ersten Bewohner ins Hochhaus
(Auszug aus einem Zeitungsartikel von 1964)

DAS MITTELGANGHAUS IN DER SCHWARZMEER-STRASSE

Als die ehemalige Arbeiterwohnungsgenossenschaft DPF 1964 das 10-geschossige scheibenförmige Hochhaus in der Schwarzmeerstraße mit 300 Ein-Raum- und 80 Zwei-Raum-Wohnungen zugeteilt bekam, konnte sie augenblicklich sämtliche alleinstehende Mitglieder mit Wohnungen versorgen. Auch Familien mit bis zu drei Personen fanden hier ein neues Zuhause.

Dennoch mutete der Bautyp „Mittelganghaus" mit den langgestreckten schmalen Innenfluren, von denen beidseitig die Wohnungen abgingen, für die damaligen Bewohner nicht eben genossenschaftlich an. Im Kellergeschoss fand sich jedoch ausreichend Platz zum Ausbau von Büroräumen für die Verwaltung der AWG, die damals bereits fast 1.800 Mitglieder umfasste.

Wohnungsbaugenossenschaft DPF eG

- Bauzeit: 1964
- Wohnungen: 380
- Lage: Friedrichsfelde, Schwarzmeerstraße 23–25

Neugestaltete Fassade und Eingangssituation

Kurz nach der Wende unterstützte der Berliner Senat die komplexen Sanierungsmaßnahmen an diesem Gebäude als Pilotprojekt für Plattenbauten in Ostberlin und bewilligte Fördermittel. Von September 1993 bis Oktober 1995 wurden die Fassade, Treppenhäuser, Flure sowie die gesamte Haustechnik instand gesetzt und modernisiert. Heute ist das Hochhaus mit den kleinen komfortablen und preisgünstigen Wohnungen insbesondere bei jungen Mitgliedern – oft als erster eigener Wohnsitz – geschätzt.

2004 konnte die Wohnungsbaugenossenschaft DPF eG ihr neues Geschäftshaus in Karlshorst beziehen, so dass die ehemaligen Büroräume für neue Nutzungen zur Verfügung standen.

Die genossenschaftseigene Leihbibliothek

Hier befindet sich seit fünf Jahren in zentraler Lage für rund 800 Bewohner eine genossenschaftseigene Leihbibliothek mit mittlerweile über 3.500 Büchern. Sie wird ehrenamtlich von Mitgliedern betreut und hat sich zu einem festen Bestandteil des aktiven Nachbarschaftslebens entwickelt, wozu unter anderem auch diverse Freizeitveranstaltungen, mehrere Gästewohnungen und ein Reiseclub gehören.

Hauseingang Werneuchener Straße 22

Ecklösung an der Werneuchener- und Goeckestraße

NEUES BAUEN IN ALT-HOHEN-SCHÖNHAUSEN

Mit ihrem dritten Wohnprojekt verließ die damalige „Baugenossenschaft am Nordbahnhof Berlin-Wittenau" 1930 erstmals ihren Stammbezirk Reinickendorf. Das Neubauvorhaben an der Große-Leege-Straße wurde zum Auftakt einer Reihe weiterer Anlagen des Berliner Reformwohnungsbaus, darunter die bekannte „Flußpferdhofsiedlung" der Gewobag. Zwischen Altbauquartieren und dem aufstrebenden Industriestandort gelegen, zog der genossenschaftliche Neubau eine große Zahl an Bewerbern auch aus anderen Teilen Berlins an.

Mit Paul Zimmerreimer wählte die Genossenschaft einen renommierten Architekten des Neuen Bauens, der sowohl mit seiner sachlichen Formensprache als auch durch sensible städtebauliche Anpassung eine charakteristische Lösung für das unregelmäßig zugeschnittene Areal realisierte. Die insgesamt 160 Wohnungen wurden für die damalige Zeit modern ausgestattet.

Baugenossenschaft Reinickes Hof eG

- Bauzeit: 1930
- Wohnungen: 157
- Architekt: Paul Zimmerreimer
- Lage: Wohnblock zwischen Große-Leege-, Wriezener-, Goecke- und Werneuchener Straße

Historische Ansicht kurz nach Fertigstellung im Jahr 1930, Eckgebäude Große-Leege-Straße und Werneuchener Straße

Eine Oase stellte der große Innenhof dar. Die Gemeinschaftswaschküche auf neuestem technischen Stand erleichterte die Hausarbeit und förderte nachbarschaftliche Kontakte.

Ab 1950 erfolgte die Übernahme der Anlage durch die Kommunale Wohnungsverwaltung, der genossenschaftliche Geschäftsbetrieb musste auf den Stammbezirk Reinickendorf reduziert werden.

Erst nach dem Fall der Mauer konnte die Siedlung wieder an die Genossenschaft rückübertragen werden. Die drei- bis viergeschossige denkmalgeschützte Bebauung wurde ab 1993 umfangreich saniert und modernisiert. Der Großteil der Bewohner hat inzwischen die Vorteile des genossenschaftlichen Wohnens erkannt und beantragte die Mitgliedschaft.

Luftaufnahme des Hohenschönhausener Wohnblocks, vorn die Große-Leege-Straße

Geschäftsstelle in der Warnitzer Straße 13

GENOSSENSCHAFTLICHE IDENTITÄT IN DER GROSSSIEDLUNG

Neue Dachgestaltungen in der Biesenbrower- und Seehausener Straße

Wohnungsbaugenossenschaft „Humboldt-Universität" eG

- Bauzeit: 1984–90, 2007–11
- Wohnungen: 3.409
- Lage: Hohenschönhausen Zingster Straße zwischen Rienitzer- und Wustrower Straße; Warnitzer-, Pablo-Picasso-, Seehausener- und Biesenbrower Straße

Die 1956 von Beschäftigten der Humboldt-Universität zu Berlin als AWG „Humboldt-Universität" gegründete Genossenschaft verwaltete zunächst zentral gelegene Wohnanlagen in Mitte, Pankow und Weißensee. Im Zuge der „territorialen Konzentration" musste Anfang der 80er Jahre der gesamte Bestand abgegeben werden. Im Gegenzug erhielt die AWG zwischen 1984–1990 Neubauten im jungen Stadtbezirk Hohenschönhausen zugewiesen. Die über 3.400 Wohnungen verteilen sich überwiegend auf 5-, 6-, 7- und 11-geschossige Häuser der Bauserie WBS 70 im industriell erstellten Plattenbau.

Nach der politischen Wende erfolgte ein umfangreiches Sanierungsprogramm, das auch auf die gewachsenen Wohnbedürfnisse einging. Heute sind vor allem die 4- und 5-Raum-Wohnungen für junge Familien attraktiv.

Wohnhof mit Spiel- und Erholungsflächen in der Warnitzer Straße

Auch die großzügigen Innenhöfe erfuhren neue Gestaltungen und bieten Spiel-, Sport- und Erholungsflächen für die Bewohner. Im Jahre 2007 entstanden im Stadtteil Alt-Hohenschönhausen 192 Wohn- und Gewerbeeinheiten. Hier wurde besonderer Wert auf die Barrierefreiheit innerhalb des gesamten Gebäudes gelegt.

Das Großsiedlungsgebiet Hohenschönhausen umfasst insgesamt rund 30.000 Wohnungen und erhielt durch den Einsatz aller beteiligten Wohnbauträger ein zunehmend attraktives Image. Der WBG "Humboldt-Universität" eG bleibt es ein wichtiges Anliegen, ihr eigenes Profil und die Identität für ihre Genossenschaftsmitglieder deutlich herauszustellen. Neben der sozial verträglichen Mietengestaltung steht die Förderung gemeinschaftlicher Nachbarschaften im Vordergrund.

Der ehrenamtliche Seniorenbeirat engagiert sich für die Belange der älteren Bewohner, zahlreiche Kommissionen tragen zur genossenschaftlichen Entscheidungs- und Mitwirkungskultur mit bei. Seit Mai 2011 dient das moderne Veranstaltungsgebäude in der Warnitzer Straße 13a als Treffpunkt und Anlaufstelle und bietet ein reichhaltiges Veranstaltungsprogramm, das inzwischen auch bezirksweit auf großes Interessen stößt.

Das „Humboldt-Haus" in der Warnitzer Straße 13a

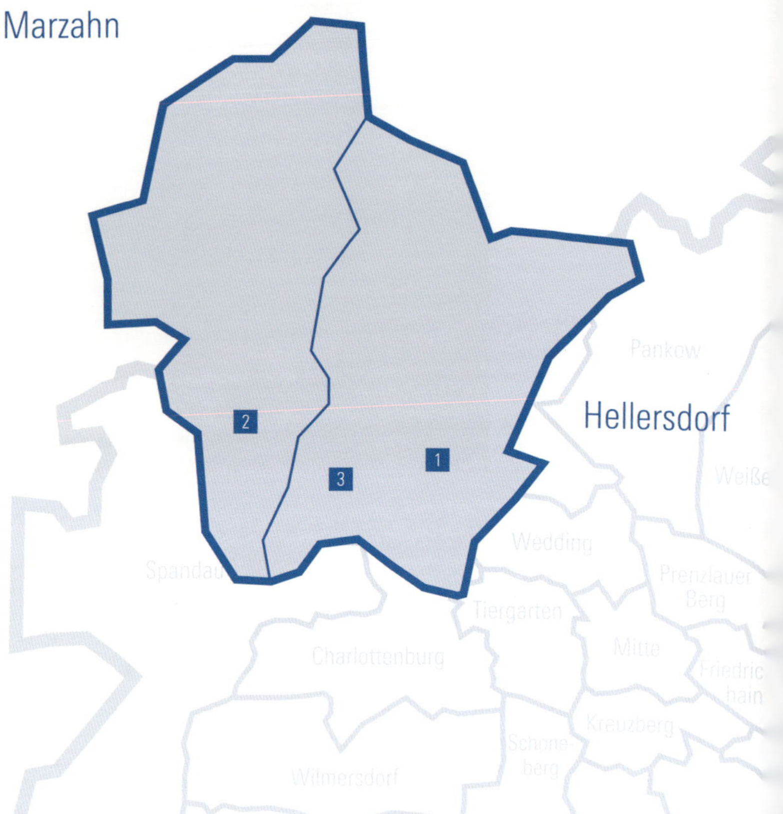

Das Image des jungen Bezirks Marzahn-Hellersdorf ist durch eine der größten Neubausiedlungen Europas geprägt. Weniger bekannt ist dagegen, dass der kontrastreiche Bezirk – mit den weiteren Ortsteilen Biesdorf, Kaulsdorf und Mahlsdorf – ebenso über historisch gewachsene Siedlungsgebiete mit Ein- und Zweifamilienhäusern, alte Dorfkerne sowie über Berlins größtes Gewerbegebiet verfügt. Gute Verkehrsverbindungen ins Stadtzentrum sowie ins nahegelegene Brandenburger Umland kennzeichnen die Palette verschiedener Wohnqualitäten, die auch spezielle Angebote im genossenschaftlichen Wohnungsbau miteinschließen.

Im Neubaugebiet Marzahn entstanden seit 1977 rund 60.000 Wohnungen in industrieller Plattenbauweise, die heute über 150.000 Bewohner beherbergen und umfangreich modernisiert wurden.

04 | Marzahn-Hellersdorf

Die Bestände der Mitglieder des Genossenschaftsforums im Bezirk

1 bbg BERLINER BAUGENOSSENSCHAFT eG	30 Wohnungen
2 Wohnungsbaugenossenschaft DPF eG	612 Wohnungen
3 Wohungsbaugenossenschaft Wuhletal eG	3.082 Wohnungen

Der Stadtteil Hellersdorf wurde 1986 zunächst als unabhängiger Bezirk gebildet und 2001 im Zuge der Gebietsreform mit Marzahn vereinigt. Das ehrgeizige Großsiedlungsprojekt gehörte mit fast 40.000 Wohnungen zum letzten umfangreichen Bauvorhaben der DDR. Heute prägen vor allem die fünf- bis sechsgeschossigen Wohnhäuser des Typs WBS 70 – mit neu gestalteten Fassaden und großräumigen Freiflächen – das Erscheinungsbild.

Zur Imageförderung wurde als Zusammenschluss mehrerer Wohnungsunternehmen im Jahr 2000 die „Wohntheke Hellersdorf" gegründet, die ein breit gefächertes Angebot an Aktivitäten unterstützt. Ebenso hat sich das Stadtteil- und Einkaufszentrum „Helle Mitte" zu einem beliebten Anziehungspunkt entwickelt.

Verglaste Loggien in der Märkischen Allee

Sommerfest im Wohnhof

GENOSSENSCHAFTLICH WOHNEN AN DER SÜDSPITZE VON MARZAHN

Mit dem Großsiedlungsprojekt Marzahn wurde ein neues Siedlungsgebiet auch für die damaligen Arbeiterwohnungsbaugenossenschaften erschlossen.
Die überwiegend in industrieller Großtafelbauweise der Wohnungsbauserie WBS 70 errichteten Häuser waren vor allem auf junge Familien mit Kindern zugeschnitten.

Die Wohnungsbaugenossenschaft DPF eG, damals noch AWG „Deutsch-Polnische Freundschaft", übernahm an der Südspitze Marzahns zwischen 1978–83 insgesamt 612 Wohnungen. Die elfgeschossigen Bauten, von denen man aus den oberen Etagen einen reizvollen Fernblick hat, umschließen einen großen begrünten Innenhof, der viel Raum für individuelle Aktivitäten für alle Generationen aber auch Platz für Sommerfeste mit mehreren hundert Teilnehmern bietet.

Wohnungsbaugenossenschaft DPF eG

- Bauzeit: 1978
- Wohnungen: 612
- Lage: Marzahn Süd, Märkische Allee 70–88, Allee der Kosmonauten 50–66

Grüner Außenbereich mit den 11-geschossigen Wohnbauten der DPF

Ende der 90er Jahre wandelte sich das Erscheinungsbild von der ehemals einheitlichen grauen „Platte" zu neuer Farbgebung. Die DPF setzte im Rahmen umfassender Sanierungsmaßnahmen auch in der Fassadengestaltung eigene Akzente im Quartier und trat als genossenschaftliche Eigentümerin selbstbewusst nach außen auf. Neben der vollständigen Modernisierung von Gebäudetechnik, Leitungssträngen und Fenstern wurden auch die Loggien mit einer Verglasung versehen. Ferner legte die Genossenschaft großen Wert auf die Neugestaltung der Außenanlagen. In der Märkischen Allee erwarb sie ein zusätzliches Grundstück, um für ihre Mitglieder ausreichend wohnungsnahe Parkplätze bereitzustellen.

Heute leben in den Marzahner Wohnungen der DPF noch über 50 % der „Erstbezieher", was für eine hohe Wohnzufriedenheit und Verbundenheit sowohl mit der Genossenschaft als auch mit dem urbanen Wohnen in direkter Nachbarschaft zum brandenburgischen Umland spricht.

Wohnhaus in der Allee der Kosmonauten

Aufzugsanbauten in der Bansiner Straße

Modernisiertes Wohnhaus in der Schneeberger Straße

GENOSSENSCHAFTLICHER WOHNKOMFORT IN WUHLETAL

Die Wohnungsbaugenossenschaft Wuhletal eG, die ursprünglich 1977 als AWG „Albert Kayser" in Zusammenarbeit mit den Berliner Verkehrsbetrieben gegründet wurde, zählt zu den jüngeren Berliner Genossenschaften. Ihre unternehmerische Entwicklung ist eng mit dem Neubaubezirk Hellersdorf verknüpft, in dessen südlichem Teil sich sämtliche Wohnanlagen befinden.

Die ausschließlich fünf- bis sechsgeschossigen Häuser des Bautyps WBS 70 – zum Teil in exponierter Lage am Grünzug Wuhletal – wurden inzwischen durch eine Vielzahl an baulichen Aktivitäten aktuellen Bedürfnissen angepasst. Dafür werden Wohnungen zur Neuvermietung umgebaut, Grundrisse nach den technischen Möglichkeiten verändert, Angebote für unterschiedliche Bedürfnisse bereitgestellt oder auch seniorenfreundliches Wohnen geschaffen, um älteren Menschen ein langes selbstbestimmtes Wohnen zu ermöglichen.

Wohnungsbaugenossenschaft Wuhletal eG

- Bauzeit: 1977–89, 2011–12
- Wohnungen: 3.082
- Lage: 7 Wohngebiete zwischen S- und U-Bahn-Wuhletal und Cottbusser Platz
  Maxie-Wander-Straße 56–58 (Neubau)

Das Neubauvorhaben Maxie-Wander-Straße

Nach und nach wurden alle Gebäude saniert, fehlende Balkone angebaut und Aufzüge hauptsächlich an sechsgeschossigen Häusern nachgerüstet. Zudem stehen allen Bewohnern vier Gästewohnungen und ein Begegnungszentrum zur Verfügung.

Im Wohnhof Bodo-Uhse-Straße

In unmittelbarer Nachbarschaft zu dem Bestand mit behindertengeeigneten Wohnungen ist auf dem Grundstück in der Maxie-Wander-Straße 56 – 58 der Neubau „Maxie“ mit 42 weitestgehend barrierefreien 2-Zimmer-Wohnungen in gehobenem Ausstattungsstandard entstanden. Er umfasst zwei im Erdgeschoss verbundene viergeschossige Gebäude mit integrierter Tiefgarage. Alle Wohnungen haben einen Balkon oder eine Terrasse und sind mit Aufzug zu erreichen. Im Erdgeschoss wird ein zweiter Mitgliedertreff errichtet, wo Veranstaltungen nicht nur für die Bewohner des Neubaus sondern für alle Mitglieder – ob Jung oder Alt – stattfinden sollen. Im Rahmen von ehrenamtlicher Tätigkeit können hier die vorhandenen Potenziale der Genossenschaftsmitglieder genutzt und weiterentwickelt werden.

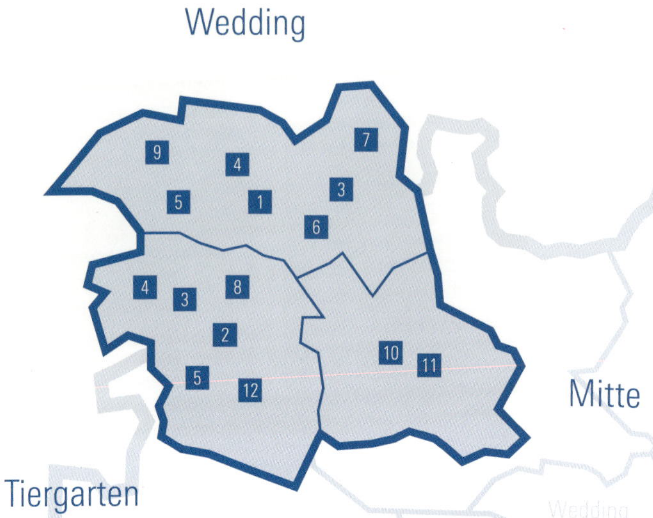

Der Bezirk Mitte hat sich nach dem Fall der Berliner Mauer wieder zum Zentrum der Gesamtstadt herausgebildet. In Tiergarten befinden sich Bundeskanzleramt und Bundestag, in Mitte Bundesrat und die meisten Ministerien. Auf der Spreeinsel liegen die Wurzeln des historischen Berlin als alte Handels- und Kaufmannssiedlung aus dem 13. Jahrhundert. Das Dorf Wedding wurde fast zeitgleich gegründet, Moabit entstand erst wesentlich später als Ansiedlung französischer Hugenotten mit Verweis auf das Land der Moabiter im Alten Testament.

Mitte des 19. Jahrhunderts folgten hier etliche Industriebetriebe, die den Bau von Mietskasernen – darunter der berüchtigte „Meyers Hof" mit sieben engen Hinterhöfen – nach sich zogen.

Im Bezirk entwickelte sich schon früh eine beachtliche Bandbreite unterschiedlicher genossenschaftlicher Alternativen, die in den einzelnen Quartieren modellhafte Ansätze hervorbrachten. Von den Anfängen genossenschaftlichen Wohnungsbaus zum Beginn des 20. Jahrhunderts zeugen noch heute viele der unter Denkmalschutz stehenden Beispiele,

05 | Mitte

Die Bestände der Mitglieder des Genossenschaftsforums im Bezirk

1	bbg BERLINER BAUGENOSSENSCHAFT eG	931 Wohnungen
2	Beamten-Wohnungs-Verein zu Berlin eG	127 Wohnungen
3	Beamten-Wohnungs-Verein zu Köpenick eG	383 Wohnungen
4	Berliner Bau- und Wohnungsgenossenschaft von 1892 eG	1.027 Wohnungen
5	EVM Berlin Erbbauverein Moabit eG	916 Wohnungen
6	Gemeinnützige Baugenossenschaft Steglitz eG	209 Wohnungen
7	GeWoSüd Genossenschaftliches Wohnen Berlin-Süd eG	34 Wohnungen
8	Mietergenossenschaft Unionplatz Tiergarten eG (MUT)	182 Wohnungen
9	wbv Wohnungsbau-Verein Neukölln eG	161 Wohnungen
10	Wohnungsbaugenossenschaft „Berolina" eG	2.962 Wohnungen
11	Wohnungsbaugenossenschaft DPF eG	72 Wohnungen
12	Wohnungsgenossenschaft Neukölln eG	36 Wohnungen

die erstmals mit ihren großen Innenhöfen auch Arbeiterfamilien ein Wohnen in Licht, Luft und Sonne in Nähe ihrer Betriebe ermöglichten. In den 20er Jahren waren die Genossenschaftssiedlungen hier erneut bahnbrechend, darunter z.B. die Wohnanlage Schillerpark, heute UNESCO Weltkulturerbe.

Neubauten in industrieller Fertigteilbauweise wurden ab 1954 von den Arbeiterwohnungsbaugenossenschaften vor allem im Gebiet rund um den Alexanderplatz errichtet.

Gleichzeitig entstanden größere Vorhaben in Wedding und Tiergarten, die repräsentativ für den sozialen Wohnungsbau im Westteil der Stadt sind.

Heute garantieren Wohnungsgenossenschaften im Bezirk Mitte, dass sich trotz der innerstädtischen Lagevorteile ein sicheres, gemeinschaftsorientiertes und kostengünstiges Wohnen für eine breite Schicht der Bevölkerung realisieren lässt, unterstützt durch eine Vielfalt an Dienstleistungen sowie Kooperationen mit Partnern im Quartier.

WOHNEN FÜR ALLE ALTERSGRUPPEN IM HEINRICH-HEINE-VIERTEL

2004 errichteter Neubau in der Dresdner Straße

2011 fertig gestelltes Bauvorhaben „Anne & Jakob"

Wohnungsbaugenossenschaft „Berolina" eG

- Bauzeit: 1959–89, 2000–11
- Wohnungen: 2.759
- Lage: Heinrich-Heine-Viertel, zwischen Neue Jakob-, Sebastian- und Heinrich-Heine-Straße

Mit fast 2.800 Wohnungen im Stadtteil Mitte ist die Wohnungsbaugenossenschaft „Berolina" eG nicht nur mit dem größten Genossenschaftsgebiet im Zentrum Berlins vertreten, sondern auch auf historisch bedeutsamen Boden im ehemaligen Grenzbereich des geteilten Berlin. Trotz der prägnanten innerstädtischen Lage zeichnet sich das Heinrich-Heine-Viertel durch die Qualitätsmerkmale eines grünen Wohnumfelds mit altem Baumbestand und parkähnlich gestalteten Außenanlagen aus. Die aufwändig sanierten und modernisierten Bestände, deren 4- bis 11-geschossige Bauten zwischen 1959–89 errichtet wurden, bieten eine Vielfalt an unterschiedlichen Wohnformen. Unter dem Leitbild „sicher Wohnen – besser Leben" kooperiert die „Berolina" zudem mit Partnern im Quartier, darunter Kinder- und Jugendeinrichtungen, und setzt sich besonders für die Förderung von aktiven Nachbarschaften ein.

Modernisierter Haustyp Q3A im Wohnhof Annenstraße

Gleichzeitig erweitert die „Berolina" ihren Bestand seit 2000 kontinuierlich durch Neubau weiter. Unter dem Motto „sorglos älter werden" wurden im Jahr 2007 zwei Stadthäuser in der Neuen Jakobstraße 30 errichtet und mit einem Gemeinschaftsbereich im Erdgeschoss miteinander verbunden. Im Sinne eines „Komforthauses" bietet es allen Altersgruppen zusätzliche Serviceleistungen und Barrierefreiheit. In dem Neubau mit 37 Wohneinheiten gibt es einen Concierge-Dienst, eine Bibliothek sowie einen Gemeinschaftsraum, in dem zahlreiche Aktivitäten – von Koch-AG, PC-Kurs bis zu Gymnastik – stattfinden.

„Anne & Jakob", das zuletzt fertig gestellte Bauvorhaben, entstand 2011 im Innenhof der bestehenden Wohnanlage Annen- und Neue Jakobstraße. Es wendet sich mit großzügigen Wohnungszuschnitten speziell an junge Familien und ergänzt das bestehende Angebot um neue Nutzungsmöglichkeiten. Im Wohnumfeld engagiert sich die „Berolina" aktuell bei der Gestaltung eines öffentlichen Spielplatzes, der durch Ruhe- und Aktivitätsinseln allen Generationen Aufenthaltsqualitäten bieten wird.
Das Neubauvorhaben „MYRICA" – Grün Wohnen in Mitte" soll bis 2014 in der Sebastianstraße rund 100 weitere Wohnungen sowie Gemeinschaftsbereiche bereitstellen.

Stadthäuser mit Gemeinschaftseinrichtungen in der Neuen Jakobstraße 30

LEBEN IM WELTKULTURERBE: DIE SIEDLUNG SCHILLERPARK

Die 1924–30 in drei Bauabschnitten errichtete Siedlung entstand zunächst in Kooperation mit dem gewerkschaftlich-gemeinwirtschaftlichen Wohnungsunternehmen Gehag und seinem Chef-Architekten Bruno Taut, wurde in den nächsten Etappen jedoch in Eigenregie des damaligen Berliner Spar- und Bauvereins fortgesetzt. Als Auftakt des Neuen Bauens erhielten die Wohnhäuser mit dem ungewohnten Flachdach und der halboffenen Blockrandbebauung schon früh große Aufmerksamkeit. Die dreigeschossige Anlage umfasst klar gegliederte Gartenhöfe, die bis heute die Verknüpfung zum benachbarten Schillerpark herstellen.

Die nach holländischem Vorbild mit rotem Ziegelverblendmauerwerk und kontrastierenden Putzflächen konzipierten Gebäude sowie die Siedlungserweiterung der 50er Jahre durch den Architekten Hans Hoffmann stehen unter Denkmalschutz und zählen seit 2008 zum Weltkulturerbe der UNESCO.

Berliner Bau- und Wohnungsgenossenschaft von 1892 eG

- Bauzeit: I 1924–30, II 1954–59
- Wohnungen: 593
- Architekten: I Bruno Taut, II Hans Hoffmann
- Lage: Am Schillerpark zwischen Bristol-, Dubliner-, Corker- und Oxforder Straße

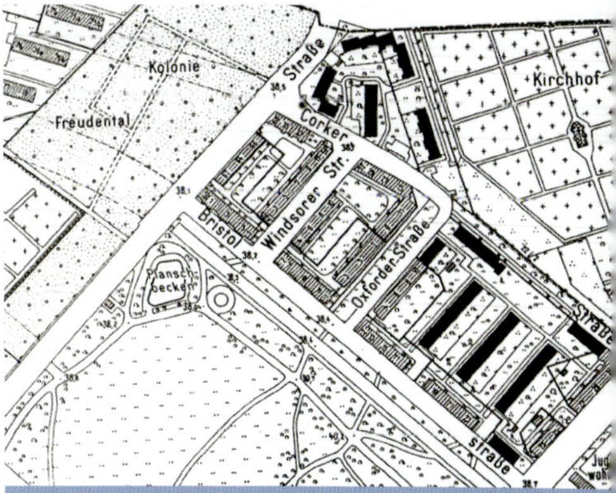

Lageplan der historischen Siedlung mit Erweiterungsbauten von Hans Hoffmann (schwarze Markierung)

Seit 1991 führt die Genossenschaft in enger Abstimmung mit Denkmalschutzbehörden die schrittweise Instandsetzung von Fassaden und Treppenhäusern durch. Gleichzeitig entstanden gartendenkmalpflegerische Konzepte zur Wiederherstellung der ursprünglichen Gestaltung für die Außenanlagen, die ab 2010 – zeitgleich zu den Arbeiten im gegenüberliegenden Schillerpark – ausgeführt wurden.

Wohnbauten der 50er Jahre von Hans Hoffmann

Neben den baulichen Rekonstruktionsmaßnahmen liegt ein weiterer Schwerpunkt in der Unterstützung eines gemeinschaftsorientierten Zusammenlebens. Ein Siedlungsausschuss engagiert sich für die Belange vor Ort. Neben einem Concierge-Service wurde für die kleinsten Bewohner der traditionsreiche Kindergarten neu eröffnet.

Taut-Bauten nach holländischem Vorbild mit großzügigem Wohnhof

Historisches Foto aus der Malplaquetstraße um 1910

Sommerfest im Eingangshof

DAS KARL-SCHRADER-HAUS – EINE REFORMINSEL IM WEDDING

Berlins älteste Genossenschaft errichtete 1906 mit dem Karl-Schrader-Haus ihre erste innerstädtische Wohnanlage. Das nach dem Genossenschaftsgründer benannte und 1906 eingeweihte Ensemble zeichnete sich durch seinen ganzheitlichen Ansatz in Bezug auf städtebauliche und architektonische Leitbilder aus. Vorbildhaft wurde es als bauliches und soziales Gegenmodell zum Szenario der umliegenden Mietskasernen und zählt bis heute zu den herausragenden Beispielen des genossenschaftlichen Reformwohnungsbaus der Kaiserzeit.

Durch die exponierte Ecklage an der Malplaquet- und Liebenwalder Straße konnte eine nahezu symmetrische Lösung mit zwei innenliegenden Wohnhöfen und einem in der Mitte befindlichen großzügigen Eingangshof gefunden werden. Gleichzeitig überzeugte der Entwurf durch seine repräsentative als auch gemeinschaftsorientierte Konzeption.

bbg BERLINER BAUGENOSSENSCHAFT eG

- Bauzeit: 1906
- Wohnungen: 167
- Architekten: Kristeller & Sonnenthal
- Lage: Eckgebäude an der Malplaquet- und Liebenwalder Straße

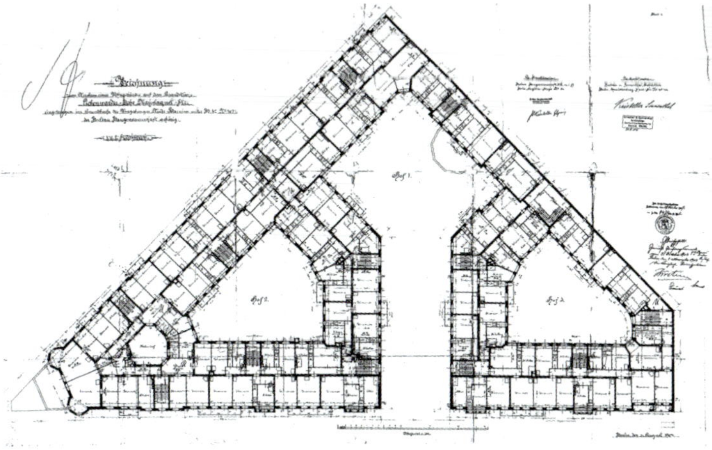

Historische Grundrisszeichnung der Obergeschosse

Zum Zeitpunkt des Einzugs zählte das Haus 192 Wohneinheiten. Die Bewohner profitierten nicht nur von den hohen baulichen und hygienischen Standards sondern auch von innovativen sozial-kulturellen Ideen. So wurde hier einer der ersten Berliner Genossenschaftskindergärten nach Vorbild der Pestalozzi-Fröbel-Erziehung eingerichtet, zudem gab es eine Bibliothek mit Versammlungssaal, eine Badeanstalt und zwei genossenschaftliche Wirtshäuser.

Nach Kriegsschäden sanierte die bbg ihr Stammhaus in verschiedenen Etappen und passte es den aktuellen Wohnbedürfnissen an. Heute werden die sozialen Einrichtungen der frühen Zeit wiederbelebt und neu interpretiert. Dazu gehören das über den Bezirk hinaus beliebte „Erzählcafé", die Unterstützung der Jugendeinrichtung „Perlenfischer" der Berliner Stadtmission oder die Kooperation mit der benachbarten Grundschule.

Hauptansicht mit Turmbauten an der Malplaquetstraße

BODENREFORMERISCHE URSPRÜNGE IN MOABIT

Giebelgestaltung im Stammhaus Sprengelstraße

EVM Berlin
Erbbauverein Moabit eG

- Bauzeit: 1906–07, 1908–09, 1910–11
- Wohnungen: 101 (Sprengelstraße), 145 (Elberfelder Straße), 160 (Alt-Moabit)
- Architekt: Adolf Mattheus
- Lage: Sprengelstraße 19–21, Elberfelder Straße 10–13, Alt-Moabit 55–56d

Der 1904 aus dem Kreis der Bodenreformer gegründete Erbbauverein Moabit bezog sich ausdrücklich auf den Grundsatz des gemeinschaftlichen Eigentums an Grund und Boden. Carl Laux, Genossenschaftsgründer, Post-Assistent und Vorsitzender des „Vereins der unteren Postbeamten Berlin-Nord-West", wollte insbesondere den gering besoldeten Mitarbeitern die Chance zu preiswerten und sicheren Wohnverhältnissen eröffnen. In Erinnerung daran wurde das 1907 fertig gestellte, fünfgeschossige Stammhaus in der Sprengelstraße nicht nur „Carl-Laux-Haus" benannt, sondern auch das Treppenhaus mit historisierenden Postmotiven versehen.

Bereits zwei Jahre später konnte das nächste Projekt in der Elberfelder Straße bezogen werden. Durch die Chance, ein Doppelgrundstück zu erwerben, gelang es, zwei spiegelbildlich gebaute fünfgeschossige Wohnhäuser zu errichten und mit einer Wohnhoffolge zu verbinden.

Historischer Innenhof in Alt-Moabit mit „Genossenschaftspalme"

Auch das dritte, 1911 fertiggestellte Bauvorhaben in Alt-Moabit war aufgrund seiner günstigen zentrumsnahen Lage in Nähe vieler Arbeitsplätze und unweit der Spree bei den Interessenten so begehrt, dass die Wohnungen verlost werden mussten. Der langgestreckte Innenhof erregte Aufsehen, da hier im Sommer Palmen aufgestellt wurden.

Die EVM Berlin eG hat sämtliche Gebäude über die Jahrzehnte behutsam weiterentwickelt, so dass sie heute über modernen Wohnstandard verfügen. Ein besonderes Augenmerk legte die Genossenschaft auf die Treppenhäuser in der Elberfelder Straße und Alt-Moabit, die sie in den vergangenen Jahren mit viel Liebe zum Detail renovierte.

Fassadendetail Elberfelder Straße

Renoviertes Treppenhaus in Alt-Moabit

Sanierte Hausfassade Beusselstraße 87

MUT ZUR SELBSTVERWALTUNG AM UNIONPLATZ

Mietergenossenschaft Unionplatz Tiergarten eG (MUT)

- Bauzeit:
  1886–1905 Gründerzeithäuser (1989–2001 Sanierung),
  1993–1994 Neubau Bremer Straße,
  1997 Neubau Unionstraße 7
- Wohnungen: 182
- Architekten: PLANSTADT
- Lage: Bremer Straße 41–47, Unionstraße 6–8 und Beusselstraße 87

Der programmatische Name MUT steht für die Mietergenossenschaft Unionplatz Tiergarten eG, die Bewohner 1989 im Rahmen eines langwierigen Sanierungsvorhabens mit Hilfe des treuhänderischen Sanierungsträgers Wohnstatt GmbH gründeten, um sich für eine behutsame Modernisierung und Selbstverwaltung ihrer Wohnhäuser einzusetzen.

In den folgenden zehn Jahren gelang der Um- und Neubau des fünfgeschossigen gründerzeitlichen Ensembles unter sozialen und ökologischen Aspekten, der 1997 mit dem Bauherrenpreis des Bundesverbandes Deutscher Wohnungsunternehmen (GdW) und des Deutschen Städtetages ausgezeichnet wurde. Dabei konnten die Ausstattungsstandards mit innenliegenden Bädern sowie Anbau von Balkonen und Terrassen aktuellen Bedingungen angepasst werden. Um eine geschlossene Blockrandbebauung zu erhalten, entstanden Neubauten in der Bremer- und Unionstraße.

Bewohnerfest im Innenhof, September 2011

Blick auf die Gartenseite der Neubauten Bremer Straße

Die ungewöhnlichste Maßnahme bestand im Umbau an der Brandwand Unionstraße 6–7, wodurch die relativ kleinen Hofwohnungen ein zusätzliches Zimmer und Balkone mit Blick zum Park erhielten. Bei der Planung der baulichen Maßnahmen waren generell die Bewohner beteiligt.

Die Gestaltung der Außenanlagen und des angrenzenden „Bürgerparks" erprobte neue landschaftsgärtnerische und soziale Konzepte mit Beteiligung von Künstlern sowie Kinder- und Jugendeinrichtungen aus dem Kiez.

Erst im Jahr 2007 erwarb die Genossenschaft die ehemals landeseigenen Wohnungen. Vorausgegangen waren jahrelange Auseinandersetzungen um die ausreichende Eigenkapitalausstattung, die letztlich nur durch den Verkauf von Wohnungen an Mitglieder erreicht werden konnte. Auch weiterhin kümmert sich die MUT um die sozialen Belange der Bewohner und ihrer Nachbarschaft. So nimmt das Thema „Alt werden in der MUT" immer mehr an Bedeutung zu. Eine ständige Arbeitsgruppe, die auch im Kiez vernetzt ist, bietet regelmäßig Veranstaltungen und Treffen an.

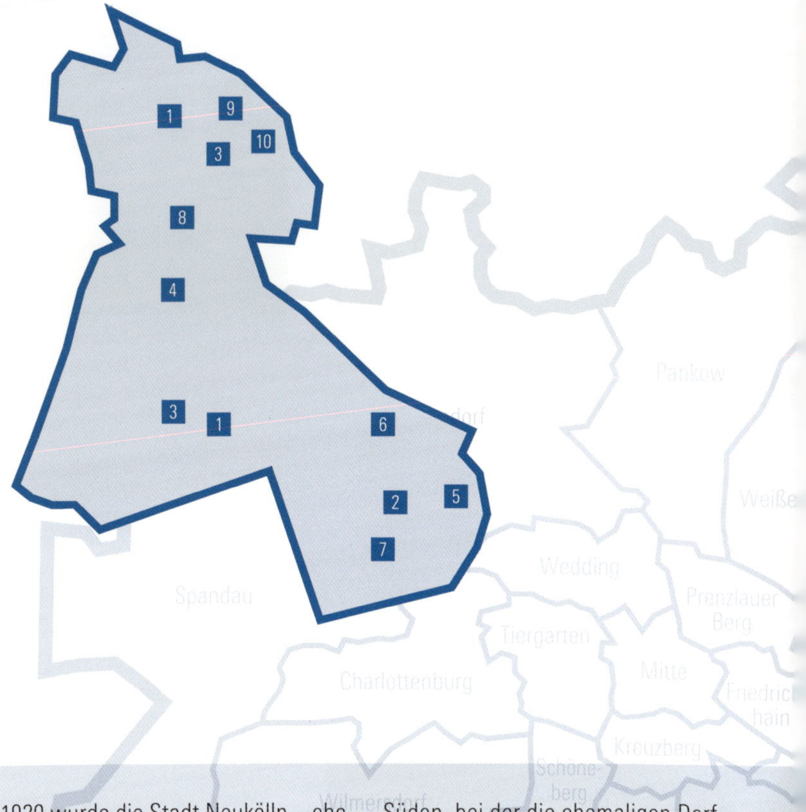

1920 wurde die Stadt Neukölln – ehemals aus dem 1360 gebildeten Rixdorf hervorgegangen – mit den Dörfern Britz, Buckow und Rudow zu Groß-Berlin eingemeindet und besteht seitdem als eigenständiger Bezirk. Im Zuge von Industrialisierung und Zuwanderung entstand zunächst im nördlichen Bereich sowie rund um den Richardplatz eine dichtbesiedelte Arbeiterstadt mit typischer Mietskasernenbebauung und dem damit verbundenen Wohnungselend. Spätere Phasen brachten die schrittweise städtebauliche Ausdehnung nach Süden, bei der die ehemaligen Dorfkerne inzwischen nur noch historische Relikte darstellen.

Heute ist der Bezirk durch unterschiedliche Milieus geprägt: vom Quartier mit hohem Migrantenanteil über Studenten- und Künstlerviertel bis zu den vorstädtischen Siedlungsgebieten am Stadtrand. Seit 1985 dient der Britzer Garten als beliebter Erholungsbereich für alle Neuköllner und war schon öfter Austragungsort des genossenschaftlichen „Wohntags".

06 | Neukölln

Die Bestände der Mitglieder des Genossenschaftsforums im Bezirk

1	Baugenossenschaft IDEAL eG	2.922 Wohnungen
2	bbg BERLINER BAUGENOSSENSCHAFT eG	1.141 Wohnungen
3	Beamten-Wohnungs-Verein zu Berlin eG	665 Wohnungen
4	Beamten-Wohnungs-Verein zu Köpenick eG	102 Wohnungen
5	Berliner Bau- und Wohnungsgenossenschaft von 1892 eG	638 Wohnungen
6	EVM Berlin Erbbauverein Moabit eG	496 Wohnungen
7	Gemeinnützige Baugenossenschaft Steglitz eG	229 Wohnungen
8	GeWoSüd Genossenschaftliches Wohnen Berlin-Süd eG	288 Wohnungen
9	wbv Wohnungsbau-Verein Neukölln eG	2.309 Wohnungen
10	Wohnungsgenossenschaft Neukölln eG	1.889 Wohnungen

Bereits in der Kaiserzeit setzten sich Baugenossenschaften für eine Verbesserung der Wohn- und Lebensverhältnisse ein. Frühe Lösungen boten etwa die IDEAL-Passage oder die Gartenstadt Britz. Es folgten ab den 20er Jahren größere genossenschaftliche Reformprojekte – wie etwa im Bereich Sonnenallee, in der Köllnischen Heide und am Körnerpark.

Im Zuge des sozialen Wohnungsbaus entstanden in den 60er und 70er Jahren Großsiedlungen am Stadtrand, darunter die Gropiusstadt oder die High-Deck-Siedlung, in der auch genossenschaftliche Ansätze in größeren städtebaulichen Dimensionen modellhaft erprobt wurden.

Seit den 90er Jahren kamen Reihenhausbebauungen aber auch Pilotprojekte zur Einbindung von Selbsthilfeleistungen sowie im Bereich des kommunikativen und generationenübergreifenden Wohnens hinzu.

Historische Aufnahme kurz nach Fertigstellung 1926

DER WERRABLOCK – EINE IKONE DES NEUEN BAUENS IM NEUKÖLLNER „FLUSSVIERTEL“

wbv Wohnungsbau-Verein Neukölln eG

- Bauzeit: 1924–26
- Wohnungen: 305
- Architekten: Paul Mebes und Paul Emmerich
- Lage: Wohnblock zwischen Werra-, Inn-, Weser- und Roseggerstraße

Der wbv, 1902 als Beamten-Wohnungs-Verein zu Rixdorf (ab 1912 zu Neukölln) gegründet, hinterließ bis Ende der 20er Jahre in seinem Stammbezirk bedeutende Spuren des genossenschaftlichen Reformwohnungsbaus.

Zu den bekanntesten Siedlungen gehört der „Werrablock“, 1924–26 mit über 300 Wohnungen, zwei Läden und einem Kindergarten errichtet. Nach der damals noch gültigen Bauordnung hätte das Grundstück maximal mit fünf Geschossen sowie Quer- und Seitenflügeln ausgenutzt werden können. Dies war im umliegenden, renditeorientierten Wohnungsbau hinreichend praktiziert worden. Die Genossenschaft legte bei der Planung jedoch besonderen Wert darauf, das Gelände nur mit viergeschossigen „Vorderhäusern“ ohne enge Hinterhöfe zu bebauen. So erhielten alle Wohnungen gleichberechtigten Zugang sowie günstige Besonnungs- und Belichtungsverhältnisse.

Hoffassade mit Loggienvorbauten sowie den typischen Klinker- und Putzflächen

Die konsequente Fassadengestaltung mit horizontal verlaufenden Putz- und Klinkerflächen führte bald zum Spitznamen „Zebrahaus", was in der bis dahin eher traditionell bauenden Genossenschaft zu einer Reihe von Auseinandersetzungen führte. Der als Ehrenhof ausgebildete Werraplatz stellt die Verbindung zum dahinter liegenden, großzügigen Innenhof her.

In der symmetrischen Anlage gibt es Spielflächen, eine Pappelallee sowie parkähnlich gestaltete Grünbereiche. Die Gesamtanlage zeugt noch heute von hoher Wohnqualität. Im Jahr 2010 wurde an alte gemeinschaftliche Traditionen angeknüpft und im ehemaligen Kindergarten ein Gemeinschaftsraum für die Bewohner eingerichtet.

Luftbild mit Blick auf die Wohnanlage mit Werraplatz und u-förmigem Innenhof

GENOSSENSCHAFTLICHE WOHNREFORM RUND UM DIE SONNENALLEE

Wohnhaus Sonnenallee Ecke Elbestraße

Hauseingang Fuldastraße 14 – 15

Wohnungsgenossenschaft Neukölln eG

- Bauzeit: 1903 – 09, 1927 und 1954 – 58
- Wohnungen: 689 Wohnungen
- Architekten: u.a. Paul Kind, Bruno Taut
- Lage: Bereich nördlich der Sonnenallee zwischen Weigandufer, Fulda- und Elbestraße

Um 1900 beherbergte die damalige Berliner Vorortgemeinde Rixdorf die berüchtigten Mietskasernenquartiere. Genossenschaften, darunter der Rixdorfer Spar- und Bauverein – heute Wohnungsgenossenschaft Neukölln eG –, gehörten zu den ersten Selbsthilfeinitiativen, die bauliche, rechtliche und soziale Alternativen aufzeigten, obwohl sie von den ansässigen Wohnungsunternehmern heftig bekämpft wurden. So konnten auch die ersten Projekte nur gegen erbitterten politischen Widerstand errichtet werden.

Ein Beleg für genossenschaftliche Reformansätze ist das fünfgeschossige Wohnhaus Sonnenallee Ecke Elbestraße, 1903 in bevorzugter Lage errichtet. Es wies 36 komfortable Wohnungen mit z.T. innenliegenden Bädern und Balkonen sowie Waschküchen mit Trockenböden im Dachgeschoss auf, den Giebel schmückte ein Reichsadler. Bis heute hat hier auch die Geschäftsstelle ihren Sitz.

Doppelhaus Fuldastraße 14–15

Trotz knapper Mittel entstanden noch in der Kaiserzeit weitere Bauvorhaben, darunter das repräsentative Doppelhaus in der Fuldastraße 14–15 mit dem Architekten Paul Kind, der auch die benachbarte IDEAL-Passage entworfen hatte. Um den Genossenschaftskindern ausreichend Entfaltungsmöglichkeiten zu bieten, pachtete die Genossenschaft ein Grundstück in der Schandauer Straße, das von einem „Spielplatzkomitee" aus dem Mitgliederkreis betreut wurde.

In der Weimarer Zeit gelang der Genossenschaft kein eigener Neubau mehr, dafür wuchs der Bestand durch Zukäufe, u.a. ein Wohnhaus in der Ossa- und Fuldastraße, das ursprünglich für die Gemeinnützige Baugesellschaft Berlin Ost von Bruno Taut geplant wurde. Diese unternehmerische Strategie des steten Zusatzerwerbs ist bis heute beibehalten worden.

Modernisierte Bauten der 50er Jahre am Weigandufer

In den 50er Jahren konnten auf einem Ruinengrundstück in der Ossastraße 30–31 und Weigandufer 180 Neubauwohnungen entstehen, die mittlerweile modernisiert wurden und aktuellen Wohnstandards entsprechen.

Die in diesem Jahr ihr 111-jähriges Jubiläum feiernde Wohnungsgenossenschaft Neukölln eG bietet mit insgesamt 4.000 Wohnungen bis heute im nördlichen Neukölln eine Vielfalt von Qualitäten, darüber hinaus aber auch in diversen anderen Berliner Stadtteilen.

Hauptzugang zur IDEAL-Passage von der Fuldastraße

Blick in den Hofbereich

DIE „IDEAL-PASSAGE" ZWISCHEN FULDA- UND WEICHSELSTRASSE

Die 1907 aus der Rixdorfer Ortskrankenkasse u.a. von Ärzten und Apothekern gegründete Baugenossenschaft IDEAL hatte das Ziel, im Arbeiterbezirk Rixdorf (ab 1912 Neukölln) Wohnungen nach dem neuesten Stand der Technik und Hygiene zu errichten, um modellhaft Zeichen zur Krankheitsvorsorge zu setzen. Nach zähem Ringen um die Finanzierung konnte 1908 die IDEAL-Passage als Folge von vier Wohnhöfen eingeweiht werden. Die 1- bis 3-Zimmer-Wohnungen waren mit Innentoiletten, Zentralheizung und größtenteils Bädern sowie Balkonen ausgestattet. Darüber hinaus gab es Waschküchen und Rollkammern sowie als technische Innovation eine zentrale „Entstäubungsanlage".

Das Konzept der fünfgeschossigen Bebauung ging auf die unterschiedlichen Grundstückszuschnitte des langgezogenen Areals ein, gleichzeitig vermieden die Architekten eine gleichförmige Reihung der Höfe.

Baugenossenschaft IDEAL eG

- Bauzeit: 1907–08
- Wohnungen: 112
- Architekten: Willy und Paul Kind
- Lage: Wohnhofpassage zwischen Weichselstraße 8 und Fuldastraße 55–56

Aus Rentabilitätsgründen wurde noch in traditioneller Weise mit Vorderhaus, Seiten- und Querflügel geplant, die sonst übliche Dichte aber deutlich reduziert. Neben einer aufwändigen mit Erkern, Balkonen und unterschiedlichen Dachformen strukturierten Fassade kam der Hofgestaltung eine besondere Rolle zu. Hier orientierte sich der Gartenarchitekt Busse an Themen der populären Oper „Der Freischütz" von C.M. von Weber und baute die zentralen Szenen – vom Festplatz bis zur Wolfsschlucht – nach.

Eine Vielzahl von Läden, aber auch Bibliothek und Casino, unterstrichen den autonomen Charakter der „Reforminsel" im Mietskasernenquartier, dessen große Eisentore nachts und an Feiertagen geschlossen blieben. Heute besteht das historische Ensemble aufgrund von Kriegszerstörungen nur noch in Teilen.

Historische Postkarte

Die modernisierte Passage ist mittlerweile als reines Wohnquartier den Genossenschaftsmitgliedern vorbehalten, erfreut sich aber auch aufgrund ihrer günstigen Lage nahe des Rathauses großer Beliebtheit.

Grundriss der IDEAL-Passage zwischen Fulda- und Weichselstraße

GARTENSTADT BRITZ – WOHNEN IM GRÜNEN ZWISCHEN ROMANTIK UND SACHLICHKEIT

Eckhaus an der Pintschallee

Wohnhof in der historischen Gartenstadt

Als erste Baugenossenschaft im Berliner Raum begann die IDEAL bereits 1912, eine nach neuen städtebaulichen Grundsätzen geplante Gartenstadtsiedlung für Arbeiter zu realisieren. Die Entwürfe der Architekten Eduard Deute und Bruno Paul sahen eine dreigeschossige Außenrandbebauung sowie Einfamilienreihenhäuser im Blockinnern vor. Baugrundstück war eine ehemalige Kiesgrube zwischen Hannemann- und Franz-Körner-Straße. Zu jeder Wohneinheit gehörte als damaliger Komfort ein kleiner Garten zur Selbstversorgung.

Nach Plänen von Bruno Taut, Chefarchitekt der aus dem Kreis von Gewerkschaften und Gemeinwirtschaftlern neugegründeten Gehag, deren Anteilseigner die IDEAL ab 1924 wurde, erfolgte die Siedlungserweiterung im Stil des Neuen Bauens.

Baugenossenschaft IDEAL eG

- Bauzeit: I 1912–20, II 1929–31, III 1933–36
- Wohnungen: I 203, II 327, III 240
- Architekten: I Deute & Paul, II Bruno Taut
- Lage: zwischen Franz-Körner-, Hannemann- und Hippelstraße sowie Pintschallee

Historische Ansichtskarte des 1. Bauabschnitts

1928–30 errichtete Taut-Bauten

Auch die Nutzung der Gemeinschaftsanlagen spiegelt den unterschiedlichen Zeitgeist wider. Gab es früher „Planschbecken" für die Kinder sowie ein großes Angebot von Läden, so entstanden in den letzten Jahren neue Zusatzeinrichtungen, darunter Gästewohnungen, Mitgliedertreff, Saunaanlage sowie ein Tischtennisraum. Heute bietet die Gartenstadt Britz ein idyllisch gelegenes Wohngebiet im Grünen, gut angebunden an den Britzer Damm mit seinen Einkaufsmöglichkeiten.

Im Gegensatz zu den romantisierenden Anfängen der alten Gartenstadt dominierte nun eine sachliche Architektursprache mit konsequent in Nord-Süd-Richtung ausgerichteten Hauszeilen, Flachdächern sowie farbigen Putzflächen, die vor allem an der Zäsur in der Rungiusstraße im Gegenüber von Alt- und Neubau noch heute spürbar ist.

Eröffnung des Mitgliedertreffs am 7.12.2011

DER ILSENHOF – GENOSSENSCHAFTLICHE OASE IM NEUKÖLLNER KÖRNERPARKVIERTEL

Unverbauter Blick vom Körnerpark zum Ilsenhof, 1928

Historische Aufnahme von 1930

bbg BERLINER BAUGENOSSENSCHAFT eG

- Bauzeit: 1928
- Wohnungen: 182
- Architekt: Hans Kraffert
- Lage: Nähe Körnerpark, Ilsenhof 1–10, Jonasstraße 49–52, Schierker Straße 12–16

Die unter Denkmalschutz stehende Wohnanlage „Ilsenhof" der bbg BERLINER BAUGENOSSENSCHAFT eG stellt in baulicher und sozialer Hinsicht eine bedeutende Reforminsel im Körnerparkviertel dar. Die 182 Wohnungen werden vom namensgebenden Ilsenhof aus erschlossen, der den identifikationsstiftenden Außen- und Gemeinschaftsbereich bildet. Die Architektur ist vom Stil einer gemäßigten Moderne geprägt.

Entstanden im sozialdemokratisch geprägten Bezirk Neukölln schon ab Mitte der 20er Jahre avantgardistische Siedlungen des Neuen Bauens, so verwandte der Architekt Hans Kraffert hier noch bewusst traditionelle Formen wie das Walmdach, dekorative Schmuckelemente oder die kontrastreiche Kombination von Putz- und Klinkerflächen im Bereich der Loggien und Fassadengestaltung.

Blick auf den Ilsenhof zwischen Schierker- und Ilsestraße

Die symmetrisch angelegte städtebauliche Konzeption entwickelte Kraffert aus der im Planungsjahr 1927 noch direkten Sichtbeziehung zum Körnerpark, die erst durch spätere Vorbauten unterbrochen wurde. Die in Nord-Süd-Richtung orientierten Außenbereiche wurden nach der umfassenden Sanierung zum 80-jährigen Bestehen des Ilsenhofs im Jahr 2009 landschaftsplanerisch neu gestaltet.

Durch Zuzüge von jungen Familien und Studenten ist eine allmähliche Verjüngung der Bewohnerschaft zu verzeichnen. Neben aktiver Nachbarschaftshilfe wird heute bewusst an die Traditionen des frühen Siedlungslebens wieder angeknüpft. Dazu zählen Bewohnerfeste oder der neue Mitgliedertreffpunkt in einem umgebauten Pferdestall in der Jonasstraße.

Tordurchgang des Ilsenhofs mit Schautafeln zur Historie

Gemeinschaftshaus im ehemaligen Pferdestall

Unter dem Motto „Kommunikativ Wohnen" entstand im Hallenhaus ein zentraler Eingangs- und Gemeinschaftsbereich

KOMMUNIKATIV WOHNEN UND OFFENSIV ALTERN – NEUBAUPROJEKTE MIT PILOTCHARAKTER

Der Wohnbereich Ortolanweg im Neuköllner Stadtteil Buckow wurde bereits ab 1968 als Siedlungsgebiet im Rahmen eines städtebaulichen Wettbewerbs beplant. Die Berliner Bau- und Wohnungsgenossenschaft von 1892 eG war hier sowohl mit einer Wohnanlage als auch mit Errichtung eines Seniorenwohnheims im Jahr 1977 beteiligt. Die mehrgeschossigen Gebäude in Großtafelbauweise sind Beispiele für Lösungen der „Platte" im Westteil der Stadt.

Ab den 90er Jahren folgten zwei experimentelle Neubauprojekte, die durch ihren Pilotcharakter überregionale Bekanntheit erhielten. Unter dem Motto „Kommunikativ Wohnen" wurde mit den Architekturbüros Axel Liepe/Hartmut Steigelmann (Berlin) sowie Fritz Matzinger (Linz) eine Variationsbreite gemeinschaftsorientierter Bauformen erprobt, darunter Hallenhäuser mit zentralen Eingangsbereichen, die rund 20 Wohnungen über interne, laubenganghnliche Zugänge erschließen.

Berliner Bau- und Wohnungsgenossenschaft von 1892 eG

- Bauzeit: I 1990–92, II 1997–99
- Wohnungen: I 123, II 24
- Architekten: I Liepe/Steigelmann, Matzinger, II Liepe/Steigelmann
- Lage: Ortolanweg, Ibisweg, Wendehalsweg

Luftbild der Wohnanlage: vorn die zwei Atriumhäuser, im Hintergrund die drei Hallenhäuser am Ortolanweg

Gemeinschaftlich genutzter Wohnraum im Atriumhaus

Eine weitere Variante bilden zwei Atriumhäuser am Ibisweg, die das gemeinschaftliche Wohnen von acht Familien in kleinerem Maßstab umsetzten. Ein moderierter Auswahlprozess sorgte dafür, eine die Projektidee unterstützende Nutzergruppe zu finden.

Als Innovation gilt auch das 1999 bezogene Modellvorhaben „Offensiv Altern", das 24 Wohnungen für ein generationsübergreifendes Frauenprojekt zum Thema hatte. Unter Einbeziehung der zukünftigen Nutzerinnen entstand nach intensiver gemeinsamer Planungszeit eine winkelförmige Anlage auf dem Eckgrundstück Ortolan- und Wendehalsweg, in deren Mitte sich ein zentraler, zweigeschossiger Gemeinschaftraum befindet und heute für die vielfältigen Aktivitäten der Gruppe zur Verfügung steht.

Aktivitäten im „Außenwohnraum" des Frauenprojekts

„ORTOLANBURG" UND „SCHNECKE" – GENOSSENSCHAFTS-PROJEKTE DER 70ER UND 80ER JAHRE

Richtfest der „Ortolanburg" am 27.09.1974

Innenhof der „Schnecke"

Anfang der 70er Jahre startete die bbg BERLINER BAUGENOSSENSCHAFT eG ihr größtes Neubauprojekt der Nachkriegszeit. Die zwischen 1974–75 errichtete Wohnanlage am Ortolanweg zeichnete sich nicht nur durch die neuartige Fertigteilbauweise aus, sondern auch durch eine Vielzahl an Gemeinschaftseinrichtungen. Die von der bbg bereitgestellten Räume konnten von den Bewohnern in Eigenregie genutzt werden, darunter Spielnest, Tischtennisraum, Treffpunkt sowie Sauna.

Der von Bewohnern bald geprägte Namen „Ortolanburg" bezieht sich auf den Singvogel „Ortolan", gleichzeitig auf den Burgcharakter der Wohnanlage. Die achtgeschossige, geschlossene Straßenfront treppt sich zu niedrigeren Gebäudeteilen in Richung Norden hin ab und bietet hier ruhiges Wohnen inmitten großzügiger Grünflächen.

bbg BERLINER BAUGENOSSENSCHAFT eG

- Bauzeit: I 1974–75, II 1986–88
- Wohnungen: I 565, II 93
- Architekt: Axel Gutzeit („Schnecke")
- Lage: Ortolanweg, Goldhähnchenweg, Laubsängerweg und Grüner Weg

Die 1986–88 erbaute „Schnecke" mit der „Ortolanburg" im Hintergrund

In der tiefer gelegenen Erschließungsebene entstand eine Art Burggraben. Im Rahmen eines fälligen Anstrichs der Garagentore beauftragte die bbg im Jahr 2008 den Künstler Lars Oschatz. Seine gemalte Naturlandschaft gilt als das längste von einer Hand erschaffene Graffiti der Welt und ist inzwischen zur Attraktion des Ortolanwegs geworden.

Vorstand und Künstler vor der Garagentorbemalung

1986, in Vorbereitung auf ihr 100-jähriges Genossenschaftsjubiläum, beschritt die bbg neue Wege mit einem Pilotprojekt auf der gegenüberliegenden Straßenseite. In Form eines Selbsthilfemodells konnten durch manuelle oder finanzielle Eigenleistungen der Mitglieder die Baukosten und damit auch die Mietbelastungen erheblich reduziert werden. Die sogenannte „Muskelhypothek" bezog sich beim Ausbau der eigenen Wohnung z.B. auf Maler- und Tischlerarbeiten, Verlegung von Fußböden oder Installation von Bad- und Kücheneinrichtungen.

Der Name „Schnecke" nimmt Bezug auf die Gebäudeform. Aus der Erblast des Grundstücks, einem Bunker aus dem Zweiten Weltkrieg, entwickelte der Architekt eine sich darüber hoch stufende Wohnbebauung.

Das 31-geschossige Hochhaus nach der Renovierung

GENOSSENSCHAFTLICHES BAUEN MIT WALTER GROPIUS

Für den Entwurf einer Großsiedlung im südlichen Neukölln konnte Ende der 50er Jahre der international bekannte Architekt Walter Gropius gewonnen werden. Federführende Rolle bei Abwicklung dieser ersten Westberliner Trabantensiedlung übernahm damals die Wohnungsbaugesellschaft Gehag, die einen Großteil des Geländes aufgekauft hatte. Neben dem Beamten-Wohnungs-Verein zu Berlin war als weitere Baugenossenschaft die IDEAL mit eingebunden worden.

Zwischen 1962–75 entstanden auf dem Gelände der ehemaligen Dörfer Britz, Buckow und Rudow knapp 19.000 Wohneinheiten im sozialen Wohnungsbauprogramm. Die IDEAL war hier in drei Bauphasen beteiligt, die sich in einer Höhenstaffelung von drei bis zwölf Etagen bewegen. Im dritten Bauabschnitt zeichnete Walter Gropius mit seinem Büro TAC (The Architects Collaborative) als künstlerischer Oberleiter verantwortlich.

Baugenossenschaft IDEAL eG

- Bauzeit: 1964–69
- Wohnungen: 815
- Architekten: Heinz Viehrig, Walter Gropius (3. Bauabschnitt)
- Lage: Gropiusstadt, u.a. Fritz-Erler-Allee 128–152, Wutzkyallee 46–50

Blick auf die Gropiusstadt mit den Bauten der IDEAL im Vordergrund

Ab 2005 erfolgten umfassende energetische Sanierungsmaßnahmen, ergänzt durch neue Fassadengestaltungen, behindertengerechte Rampenanbauten sowie ebenerdige Aufzugserschließungen. Die Farbgebung wurde für alle Wohngebäude der IDEAL als Gesamtkonzept entwickelt.

Die Dominante der Großsiedlung bildet bis heute das 31-geschossige IDEAL-Hochhaus in der Fritz-Erler-Allee 120. Hier befinden sich auch Berlins höchstgelegener genossenschaftlicher Gemeinschaftsraum sowie zwei Gästewohnungen.

Sanierte Wohnhäuser mit neuer Farbgestaltung

Seit 12 Jahren ist der „Tower Run" im IDEAL- Hochhaus zum überregional bekannten Ereignis geworden

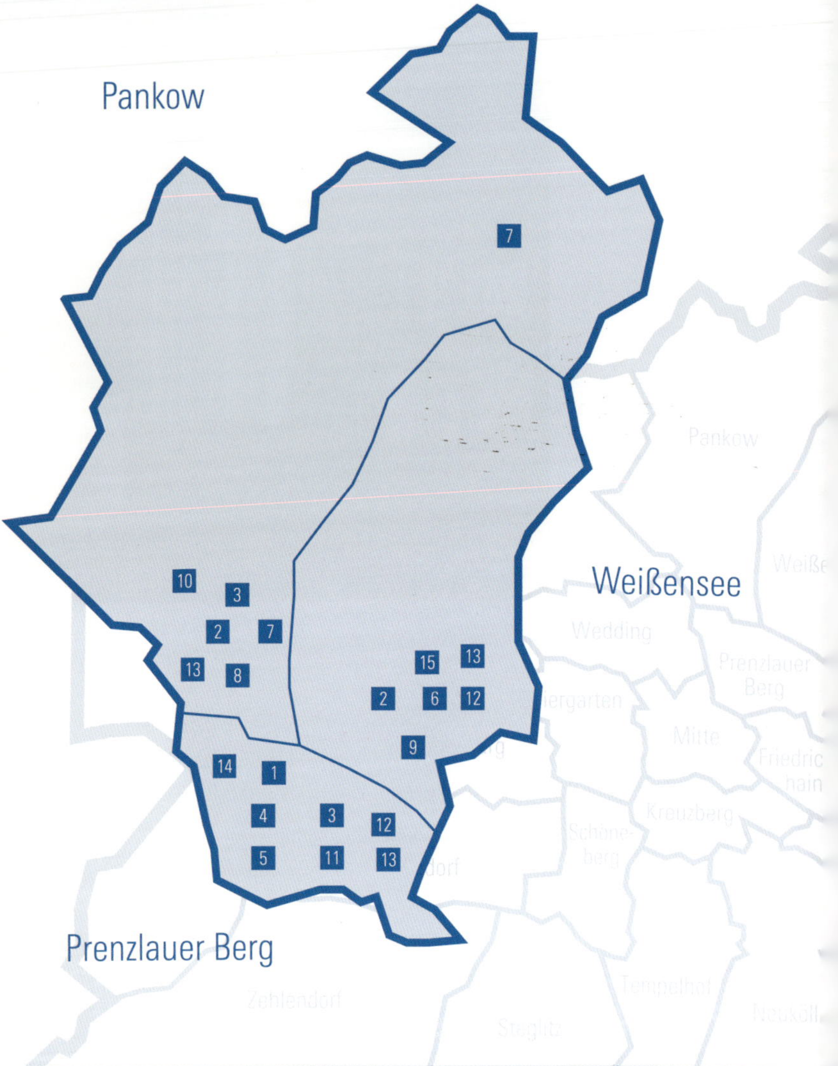

Der Bezirk Pankow setzt sich heute aus den drei Stadtteilen Pankow, Weißensee und Prenzlauer Berg zusammen und bietet im Berliner Norden eine große Vielfalt an Standortqualitäten. Historisch entstanden bereits ab 1900 bedeutende Genossenschaftssiedlungen, die Vorreiterrollen im Reformwohnungsbau sowohl durch ihre großzügige Wohnhofarchitektur als auch durch neuartige Passagen- und Privatstraßenlösungen übernahmen. Ebenso hinterließen die 20er Jahre des Neuen Bauens ein bedeutendes Genossenschaftserbe, das inzwischen umfassend modernisiert und heutigen Bedürfnissen angepasst wurde.

07 | Pankow

Die Bestände der Mitglieder des Genossenschaftsforums im Bezirk

1	Arbeiter-Baugenossenschaft „Paradies“ eG	52 Wohnungen
2	bbg BERLINER BAUGENOSSENSCHAFT eG	770 Wohnungen
3	Beamten-Wohnungs-Verein zu Berlin eG	1.146 Wohnungen
4	Berliner Bau- und Wohnungsgenossenschaft von 1892 eG	95 Wohnungen
5	„Bremer Höhe“ eG Wohnungsbaugenossenschaft	460 Wohnungen
6	Charlottenburger Baugenossenschaft eG	396 Wohnungen
7	Erste Wohnungsgenossenschaft Berlin-Pankow eG	3.618 Wohnungen
8	Gemeinnützige Baugenossenschaft Steglitz eG	1.055 Wohnungen
9	GeWoSüd Genossenschaftliches Wohnen Berlin-Süd eG	517 Wohnungen
10	wbv Wohnungsbau-Verein Neukölln eG	233 Wohnungen
11	Wohnungsbaugenossenschaft „Am Ostseeplatz“ eG	214 Wohnungen
12	Wohnungsbaugenossenschaft „Berolina“ eG	134 Wohnungen
13	Wohnungsbaugenossenschaft DPF eG	997 Wohnungen
14	Wohnungsgenossenschaft MERKUR eG	100 Wohnungen
15	Wohnungsgenossenschaft „WEISSENSEE“ eG	3.323 Wohnungen

In der DDR-Zeit förderte das breite Spektrum von Industriebetrieben die Gründung von Arbeiterwohnungsbaugenossenschaften (AWG). Seit der deutschen Wiedervereinigung entstand zudem ein neuer Typus von Bewohnergenossenschaften, die mit Übernahme von Beständen anderer Wohnungsbauträger gebildet wurden.

Heute zeichnen sich die genossenschaftlichen Wohnanlagen im Bezirk Pankow nicht nur durch ihre bauliche Qualität aus, sondern auch durch vielfältige Formen eines gemeinschaftsorientierten, aktiven Siedlungslebens.

PAUL-FRANCKE-SIEDLUNG: HISTORISCHER WEGBEREITER IN NIEDERSCHÖNHAUSEN

Die Paul-Francke-Siedlung der Beamten-Wohnungs-Verein zu Berlin eG zählt mit ihrem hohen architektonischen Niveau und ihrer sozialen Ausrichtung zu den bedeutenden Werken des genossenschaftlichen Reformwohnungsbaus der Wilhelminischen Kaiserzeit. Hoch gesteckte Ziele für gesundes und menschenfreundliches Wohnen als auch innovative städtebauliche Konzepte standen bei der Planung im Vordergrund. Insbesondere die Einheit von Baukörpern, Materialsprache und Außengestaltung machen das Ensemble noch heute attraktiv.

Der für den Entwurf verantwortlich zeichnende Paul Mebes entwickelte als Vorstandsmitglied und Architekt der Genossenschaft neue Gestaltungsprinzipien: die private Erschließungsstraße, die sowohl die gleichberechtigte Orientierung der Wohnungen ermöglichte, als auch die Reihung von halboffenen Wohnhöfen, die einen siedlungsinternen und parkähnlichen Kommunikationsraum bilden.

Beamten-Wohnungs-Verein zu Berlin eG

- Bauzeit: 1908–09
- Wohnungen: 174
- Architekt: Paul Mebes
- Bildhauer: Walter Schmarje
- Lage: Grabbeallee 14–26 (gerade) und Paul-Francke-Straße 1–12

Blick in die parkähnlich gestaltete Privatstraße, die dem Verlauf des dahinter liegenden Zingergrabens folgt

Klinkerfassade mit Dreiecksgiebeln und Loggienvorbauten im „Ehrenhof"

Das Ensemble steht unter Denkmalschutz und wurde seit den 90er Jahren nach der Rückübertragung an die Beamten-Wohnungs-Verein zu Berlin eG umfassend instandgesetzt und modernisiert. Auch die Nähe zum Schlosspark Schönhausen sowie die gute Verkehrsanbindung sind noch heute wesentliche Lagevorteile.

Die Qualitäten von Städtebau und architektonischem Entwurf, kombiniert mit handwerklich und künstlerisch vorbildhafter Ausführung, erhielten schon früh Auszeichnungen: durch den Kreis Niederbarnim 1909 eine Bronzeplakette sowie 1913 einen Ehrenpreis der Stadt Leipzig anlässlich der internationalen Baufachausstellung. Ebenso wurde das Projekt auf der großen Berliner Städtebauausstellung von 1910 präsentiert.

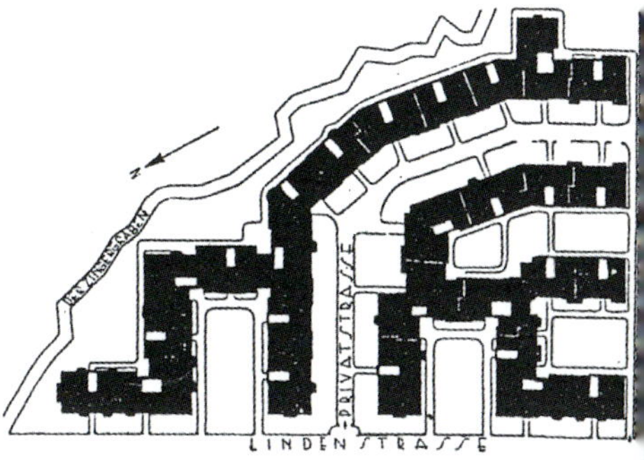

Historischer Lageplan

Hof zwischen Neumann- und Forchheimer Straße (bbg)

GENOSSENSCHAFTLICHER WOHNUNGSBAU IM KISSINGENVIERTEL

bbg BERLINER BAUGENOSSENSCHAFT eG

Gemeinnützige Baugenossenschaft Steglitz eG

wbv Wohnungsbau-Verein Neukölln eG

- Bauzeit: 1926–30
- Wohnungen: bbg 393, GBSt 1.056, wbv 233
- Architekten: Mebes & Emmerich, Jakobus Goettel, Hans Kraffert

- Lage: Quartier am Kissingenplatz zwischen Granitz- und Laudaer Straße

Das Kissingenviertel wurde ab Mitte der 20er Jahre zu einem attraktiven Entwicklungsgebiet für Wohnungsgenossenschaften. Allein drei Unternehmen – die Berliner Baugenossenschaft (bbg), die Gemeinnützige Baugenossenschaft Steglitz (GBSt) sowie der damalige Beamten-Wohnungsbau-Verein Neukölln (wbv) – errichteten hier größere Anlagen rund um den Kissingenplatz, die den Prinzipien einer gemäßigten Moderne entsprachen und heute unter Denkmalschutz stehen.

Unter dem Motto „Wohnen und Leben" initiierte die GBSt einen „Mitgliedertreff" in der Stubnitzstraße.

Luftaufnahme mit Blick auf die Wohnanlagen nördlich des Kissingenplatzes

Blick vom Kissingenplatz auf die Wohnanlage des wbv

Renommierte Architekturbüros zeichneten für die Qualität der drei- bis viergeschossigen Blockrandbebauungen verantwortlich, die großzügigen Innenhöfe boten für alle Generationen Freizeit- und Erholungsbereiche.

In der DDR-Zeit standen die Siedlungen unter kommunaler Wohnungsverwaltung. Zahlreiche Künstler, u.a. auch Heiner Müller, fanden hier eine neue Heimat. Seit der Rückübertragung ab Anfang der 90er Jahre erfuhren die Wohnanlagen eine umfassende Instandsetzung und Modernisierung. Auch die Innenhöfe wurden neu gestaltet und tragen heute zu einer Wiederbelebung des genossenschaftlichen Siedlungslebens bei.

Wohnhaus der GBSt: Kissingenstraße/Prenzlauer Promenade

Neubau in der Hermann-Hesse-Straße

Wohnhof im Tiroler Viertel

Erste Wohnungsgenossenschaft Berlin-Pankow eG

- Bauzeit: 1956–81, 2011
- Wohnungen:
  Tiroler Viertel 912,
  Niederschönhausen 617,
  Prenzlauer Promenade 711,
  Buch 1.321

TIROLER VIERTEL, NIEDERSCHÖNHAUSEN, PRENZLAUER PROMENADE UND BUCH

„Wohnen im grünen Norden" kennzeichnet den Bestand der 1955 gegründeten EWG Berlin-Pankow eG, deren mehr als 3.600 Wohnungen sich schwerpunktmäßig auf vier verschiedene Standorte im Bezirk verteilen.

Das als Tiroler Viertel bezeichnete Wohngebiet nimmt Bezug auf Namensgebungen wie Zillertal-, Brenner-, Trienter- oder Dolomitenstraße. Die energetisch sanierten vier- bis fünfstöckigen Häuser bilden ein geschlossenes Quartier, das sich mit seinen grünen Außenanlagen sowohl als ruhiges und dennoch zentral gelegenes Areal auszeichnet. Gleichzeitig bietet es vor allem für die Gruppe der älteren Bewohner bedarfsgerechte Lösungen mit barrierefreien Wohnungen.

Innenhof der Wohnanlage Prenzlauer Promenade

An der Prenzlauer Promenade befindet sich das Anfang der 60er Jahre errichtete gleichnamige Wohngebiet mit vier- bis fünfgeschossigen Häusern, das im Außenbereich mit großzügigen Grünanlagen und Spielplätzen neu gestaltet wurde.

Die Bestände in Niederschönhausen liegen unweit von Schloss und Park Schönhausen und verfügen neben sanierten Objekten des Bautyps Q3A auch über Reihenhausanlagen. Im Jahr 2011 wurden in der Hermann-Hesse-Straße zwei Neubauprojekte – unter besonderer Berücksichtigung von Energieeffizienz – mit insgesamt 44 Wohnungen realisiert.

Das größte Wohngebiet, in dem die ersten Gebäude bereits 1960/61 entstanden und das vor allem zwischen 1975 – 81 mit der Errichtung von 5- und 11- geschossigen Gebäuden wesentliche Erweiterung fand, ist geprägt durch seine Stadtrandlage im Ortsteil Buch, einem aufstrebenden modernen Klinikstandort, der gleichzeitig mit direkter Verkehrsanbindung an das Berliner Stadtzentrum verknüpft ist.

Das Giebelwandbild an zwei Wohnhäusern mit dem Motiv „Studie nach Vitruv" von Leonardo da Vinci wird weithin als Wahrzeichen des Ortsteils Buch wahrgenommen.

Neue Balkone in der Elisabeth-Christinen-Straße

NEUE WOHNQUALITÄTEN IM STADTTEIL

Der Bestand der 1957 als AWG Deutsche Post gegründeten Genossenschaft verteilt sich heute auf fünf Berliner Bezirke.
In den Stadtteilen Pankow, Prenzlauer Berg und Weißensee umfasst er insgesamt 977 Wohnungen. Die zwischen 1958–65 errichteten Bauten wurden umfassend modernisiert und den sich wandelnden Nutzerbedürfnissen variantenreich angepasst.

In Niederschönhausen sind verschiedene Maßnahmen im Bautyp Q3A erfolgt, die den überwiegend älteren Bewohnern erweiterten Wohnraum und zusätzliche Lebensqualitäten in den eigenen vier Wänden ermöglichen. Dazu gehören Wohnungszusammenlegungen, Küchenanbauten in verglasten Loggien sowie neue Balkone mit weitaus größeren Nutzflächen als im Originalzustand. Für Rollatoren und Rollstühle wurden besondere Aufbewahrungsmöglichkeiten geschaffen.

Wohnungsbaugenossenschaft DPF eG

- Bauzeit: 1958–65
- Wohnungen: Pankow 737
- Lage:
  Elsa-Brändström-, Westerland-, Görsch-, Gaillard-, Maximilianstraße (Pankow)
  Blankenburger-, Elisabeth-Christinen-, Karower-, Klothilde-, Rolandstraße (Niederschönhausen)

Balkon- und Küchenanbauten in der Blankenburger Straße

Ähnliche Qualitätsverbesserungen realisierte die „DPF" auch im traditionellen Bautyp 57 ihres Pankower Wohngebiets. Zudem erfreuen sich neu geschaffene Mietergärten großer Beliebtheit. Hier profitieren die Erdgeschossbewohner vom direkten Zugang zu ihrem Garten.

Ein im Jahr 2009 ausgelobter Architektenwettbewerb in Pankow-Rosenthal erbrachte neue Konzepte im Bereich des familiengerechten genossenschaftlichen Wohnens, wovon der Siegerentwurf 2013–14 realisiert werden soll.

Neue Mietergärten in der Westerlandstraße

Architektenwettbewerb: Modell des 1. Preises

Blick vom Eingangsbereich der Gethsemanekirche

TRADITIONSBAU IN DER STARGARDER STRASSE

Die Lage der Siedlung gegenüber der Gethsemanekirche galt schon zur Zeit der Bebauung im Jahr 1900 als attraktiv und verkehrsgünstig. Aufgrund der großen Nachfrage konnte der damalige Berliner Spar- und Bauverein alle Wohnungen an einem Tag vermieten.

Die vom Baumeister Alfred Messel und seinem Nachfolger Paul Kolb entworfene fünfgeschossige Blockrandbebauung mit innenliegendem Gartenhaus demonstrierte genossenschaftlichen Anspruch auf Repräsentation – betont durch die reich verzierte Fassade im neo-romantischen Stil. Das Siedlungsleben gestaltete sich nach Einzug vieler junger Familien mit anfangs rund 200 Kindern sehr lebhaft. Mit Unterstützung der „Centralstelle für Arbeiter-Wohlfahrtseinrichtungen" wurde ein Kindergarten eingerichtet. Weiterhin entstanden eine Bibliothek mit Versammlungssaal sowie ein Genossenschaftswirtshaus.

Berliner Bau- und Wohnungsgenossenschaft von 1892 eG

- Bauzeit: 1900
- Wohnungen: 95
- Architekten: Alfred Messel, Paul Kolb
- Lage: Stargarder Straße 3–5, Greifenhagener Straße 56–57

Historische Ansicht des Eckgebäudes Greifenhagener- und Stargarder Straße

Auch die Bewohnerschaft hat sich neu etabliert: neben einem Siedlungsausschuss gibt es zahlreiche Aktivitäten, darunter Hoffeste, Freizeitgruppen oder gemeinsame Pflanzaktionen.

Unter kommunaler Wohnungsverwaltung der DDR-Zeit gingen genossenschaftliche Traditionen verloren, die Bausubstanz wurde zunehmend vernachlässigt. Erst nach Rückübertragung im Jahr 1992 konnten Instandsetzungs- und Modernisierungsmaßnahmen folgen, die die denkmalgeschützte Genossenschaftssiedlung wieder im alten Glanz erstrahlen ließ.

Sommerkino im Wohnhof

JUNGE GENOSSENSCHAFT IN HISTORISCHEM QUARTIER

Die WBG „Bremer Höhe“ bezieht sich in ihrem Namen auf das historische Bauensemble auf dem Prenzlauer Berg, das Ende des 19. Jahrhunderts durch die Berliner Gemeinnützige Baugesellschaft – eine Vorreiterin auf dem Gebiet der Wohnreform – errichtet wurde. Die Fassaden der fünfgeschossigen Blockrandbebauung erhielten eine für die damalige Zeit typische Ziegelverkleidung, die noch heute durch ihre Plastizität, unterschiedliche Farbigkeit und variantenreiche Ausführung beeindruckt.

Der Kauf der rund 500 Wohnungen erfolgte durch die im Jahr 2000 gegründete Mietergenossenschaft, als die Bestände der ehemals kommunalen Wohnungsverwaltung veräußert werden sollten. Ziel war und ist bis heute, die Mieten stabil zu halten, Spekulation mit Wohnraum zu verhindern sowie durch die Qualität der denkmalgerechten Baumaßnahmen und dem sozialen Engagement der Bewohner positive Wirkung im Quartier zu erreichen.

„Bremer Höhe“ eG
Wohnungsbaugenossenschaft

- Bauzeit: 1868–1913
- Wohnungen: 460
- Lage: zwischen Pappel- und Schönhauser Allee sowie Buchholzer- und Gneiststraße

Im den Hofbereichen wurden durch Umgestaltung trennende Mauern entfernt, Versiegelungen aufgehoben und Freiflächen neu geschaffen. Von Anbeginn legte die „Bremer Höhe" großen Wert darauf, das Zusammenleben über Angebote der Teilhabe und Mitbestimmung zu gestalten, dazu zählen Tauschbörse, Initiativenfonds, Schlichtungskommission sowie verschiedene Arbeitsgruppen.

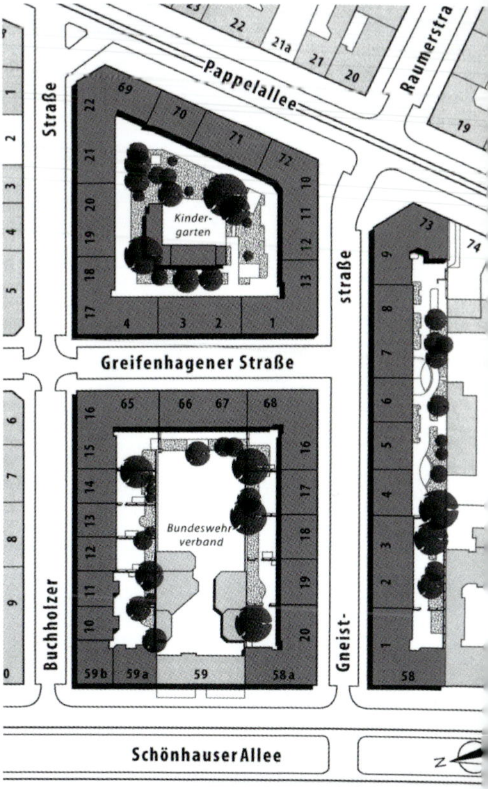

Verkehrsdemo am Gneistplatz

Blick von der Pappelallee in Richtung Gneiststraße

Blick in die Schieritzstraße

Parkähnlich gestalteter Innenhof

NEUE GENOSSENSCHAFTS-INITIATIVE AM OSTSEEPLATZ

Die Genossenschaft wurde im November 2000 als Initiative von Mietern der Siedlung am Ostseeplatz gegründet. Die ehemals 278 Wohnungen gehörten der Wohnungsbaugesellschaft Prenzlauer Berg (WIP), die im Zuge der Privatisierung einen Teil ihrer Bestände veräußerte. Ende 2002 konnte die Genossenschaft, unterstützt durch das Land Berlin, die Wohnanlage erwerben.

Die 1928 im sachlichen Baustil errichtete drei- bis viergeschossige Blockrandbebauung wurde in den Jahren 2003 – 04 umfassend instandgesetzt und modernisiert. Unter der Zielsetzung von Nachhaltigkeit und Energieeffizienz umfassten dabei verwirklichte Maßnahmen u.a.: vollständige Erneuerung der Haustechnik, Installation einer zentralen Wärmeversorgung über ein Blockheizkraftwerk mit eigener ökologischer Stromversorgung sowie Wärmedämmung der Fassaden und Austausch der Fenster.

Wohnungsbaugenossenschaft „Am Ostseeplatz" eG

- Bauzeit: 1928
- Wohnungen: 214
- Lage: Ostseeplatz, Hosemann- und Schieritzstraße

Die Bewohnergruppe nach dem gemeinsamen Frühjahrsputz

Ein wichtiger Schwerpunkt war zudem, den Bestand an Kleinwohnungen durch bedarfsgerechte Grundrissänderungen den Wünschen auch junger Familien anzupassen. Ebenso wurden 150 Balkone neu angebaut und das Wohnumfeld mit großzügigen, parkähnlichen Freiflächen neu gestaltet.

Momentan plant die WBG einen altersgerechten Neubau als Baulückenschließung an der Ostseestraße. In diesem sollen auf 1.500 m² Wohnfläche rund 30 kostengünstige, barrierearme Wohnungen entstehen, um vor allem den angestammten Bewohnern zu ermöglichen, dauerhaft in ihrem gewohnten Umfeld zu bleiben.

Markantes Eckgebäude an der Hosemann- und Schieritzstraße

Sommerfest am Gemeinschaftstreff

SANIERUNG UND NACHVERDICHTUNG EINER SIEDLUNG IN WEISSENSEE

GeWoSüd
Genossenschaftliches Wohnen Berlin-Süd eG

- Bauzeit: 1926–31
- Wohnungen: 457
- Architekten: Jakobus Goettel, Alfred Wiener, Hans Jaretzki, Werner Berndt, Carlos Zwick (Dachausbau)
- Lage: Pistorius-, Jacobsohn- und Seidenbergerstraße

Ursprünglich von der 1919 gegründeten Genossenschaft „Landbau" im damaligen „Neu-Weißensee" errichtet, entstand die Siedlung zwischen 1926–31 in mehreren Etappen. Die dreigeschossige Blockrandbebauung entlang der Pistorius- und Jacobsohnstraße erhielt an der Seidenberger Straße eine Erweiterung in Form eines Schmuckplatzes. Die Entwürfe stammen von den Architekten Jakobus Goettel, Alfred Wiener und Hans Jaretzki. 1931 konnte nur noch ein kleiner Teil der Gesamtplanung durch Werner Berndt fortgeführt werden, da die Weltwirtschaftskrise weitere Maßnahmen verhinderte. Die erste Bewohnerschaft setzte sich vorwiegend aus Handwerkern und Gewerbetreibenden zusammen.

1942 erfolgte die Fusion der zwei Genossenschaften „Landbau" und „Lindenhof" zur Gemeinnützigen Wohnungsgenossenschaft Berlin Süd.

Luftaufnahme mit Blick auf die zwei genossenschaftlichen Wohnhöfe

Nach Teilung der Stadt kam die Ostberliner Siedlung für über vier Jahrzehnte unter Kommunale Wohnungsverwaltung der DDR und wurde 1992 rückübertragen.

Einweihung der Photovoltaikanlage am 26.07.2010

Es folgte die umfassende energetische Sanierung der 370 Bestandswohnungen, zusätzlich wurden 87 Dachgeschosswohnungen mit bis zu 112 m² Fläche neu geschaffen, um speziell dem Bedarf junger Familien zu entsprechen.

Ebenso wurde ein ehemaliges Waschhaus zum Gemeinschaftstreff umgebaut. 2010 konnte hier Berlins größte Schrägdach-Photovoltaikanlage auf einem Wohngebäude in Betrieb genommen werden. So stellt die heutige Siedlung ein Beispiel für die gelungene Kombination von Tradition und Moderne dar.

Eckgebäude an der Seidenberger- und Jacobsohnstraße

DENKMALGERECHTES WOHNEN IM WEISSENSEER MUSIKERVIERTEL

Hauseingang Gounodstraße 95

Charlottenburger Baugenossenschaft eG

- Bauzeit: 1926–29
- Wohnungen: I 340, II 56
- Architekten: I Fedler, II Krüger
- Lage: I Musikerviertel zwischen Meyerbeer-, Gounod-, Benfelder Straße sowie Lindenallee
  II Falkenberger- und Gartenstraße

Von den rund 6.500 Wohnungen der Charlottenburger Baugenossenschaft eG liegen 396 im Ortsteil Weißensee und verteilen sich auf zwei Anlagen. Die historisch bedeutende, denkmalgeschützte Siedlung im sog. Musikerviertel wurde 1927–29 nach Plänen des Architekten Franz Fedler errichtet. An den durch Putz- und Klinkerflächen gegliederten Fassaden fallen noch heute die expressionistisch gestalteten Eingänge und Loggienverkleidungen auf. Die viergeschossige Blockrandbebauung umschließt großzügig gestaltete Innenhöfe und stellt ein bedeutendes Beispiel des genossenschaftlichen Reformwohnungsbaus der Weimarer Republik dar.

Mit Teilung der Stadt wurde der Genossenschaft die Verwaltung ihres Pankower Wohngebiets entzogen und erst im Zuge der Wiedervereinigung 1992 rückübertragen.

Neugestalteter Wohnhof in der Falkenberger Straße

„Charlotte *Treff*" in der Meyerbeerstraße

Die danach einsetzende denkmalgerechte Sanierung umfasste u.a. die Erneuerung der Heizung sowie der Sanitär- und Elektroausstattung. Zudem wurden Dächer neu gedeckt, Fassaden restauriert und Außenanlagen umgestaltet.

Die zweite Weißenseer Siedlung in der Falkenberger- und Gartenstraße wurde erst 1995 erworben. Sie entstand 1926 nach Entwürfen des Architekten Krüger und umfasst heute 56 Wohnungen.

Denkmalgeschützte Fassade in der Mutziger Straße/Musikerviertel

SECHS WOHNGEBIETE RUND UM DEN WEISSEN SEE

Modernisierung in der Wittlicher Straße

Wohnungsgenossenschaft „WEISSENSEE“ eG

- Bauzeit: 1955–76
- Wohngebiete:
  I Hansastraße 156 Wohnungen
  II An der Schönstraße 565 Wohnungen
  III Musikerviertel 792 Wohnungen
  IV Moselviertel 1.136 Wohnungen
  V Falkenberger Straße 356 Wohnungen
  VI Else-Jahn-Straße 320 Wohnungen

Die Wohngebiete der 1954 gegründeten WG „WEISSENSEE“ eG sind ringförmig um den gleichnamigen See gelegen und bieten den Bewohnern urbane Standortqualitäten nahe der grünen Oase. Unter dem Motto „Unsere Stärke heißt Gemeinsinn“ steht neben der Pflege der Bestände vor allem die Förderung von Selbsthilfe und Selbstverantwortung der Mitglieder im Vordergrund.

Die Bautypen der zwischen 1955–76 errichteten Wohnhäuser reichen vom traditionellen Mauerwerksbau (Typ 57) über Häuser in Blockbauweise (Q3A) bis hin zu Plattenbauten (WBS 70) sowie einem 11-geschossigen Wohnhaus (QP 71). Seit den 90er Jahren wird mit einer bedarfsgerechten Planung ein umfassendes Sanierungs- und Modernisierungsprogramm des Bestands verfolgt. Es sichert sowohl älteren Mitgliedern als auch jungen Familien eine erhöhte Wohn- und Lebensqualität in der Genossenschaft.

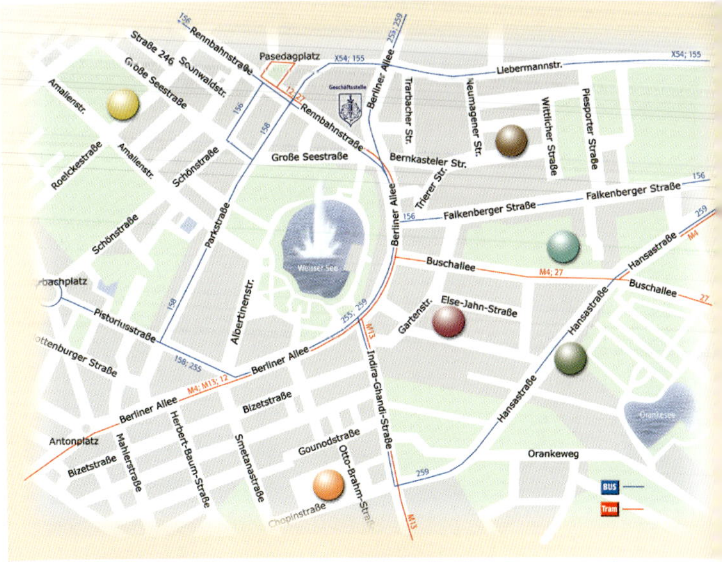

Lageplan der sechs Wohngebiete rund um den Weißen See

Balkon- und Loggienanbauten in der Chopinstraße

Durch Umbau ehemaliger Waschhäuser entstanden attraktive Gemeinschaftseinrichtungen: so der „Schülertreff" im Musikerviertel und die Begegnungsstätte „Altes Waschhaus" im Moselviertel. Viele Aktivitäten in den Gemeinschaftseinrichtungen sowie die jährlichen Veranstaltungen für alle Generationen sind Ausdruck eines aktiven genossenschaftlichen Lebens.

An der Schönstraße, Hofansicht

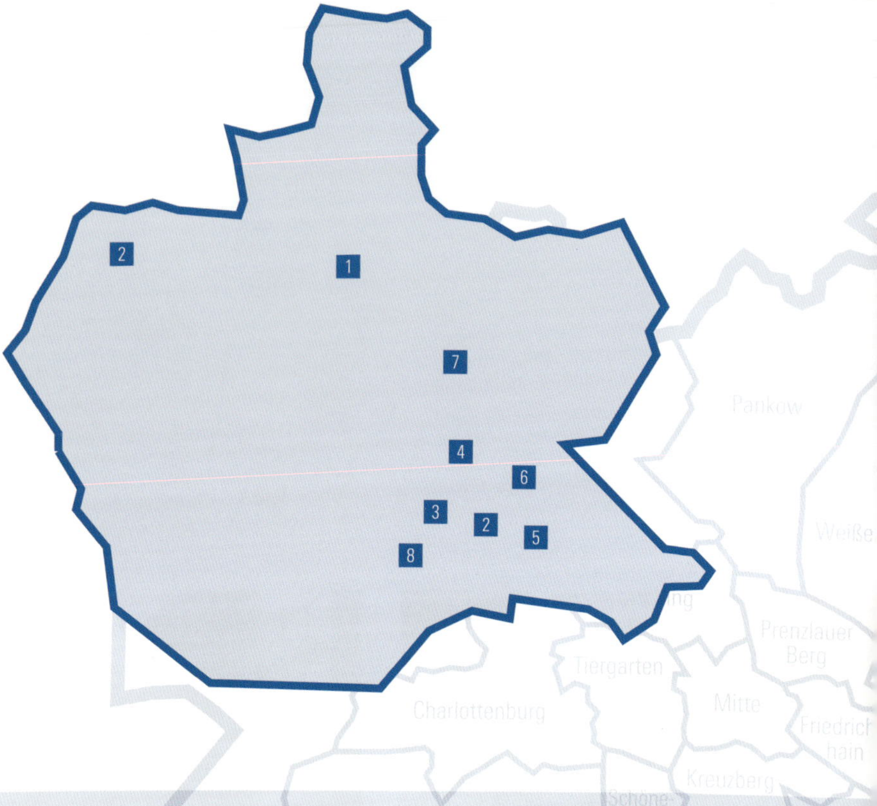

Der Bezirk Reinickendorf ist flächenmäßig der zweitgrößte Berlins. Der „Riese im Norden" gilt aufgrund des hohen Wald- und Wasseranteils nicht nur als beliebte Wohngegend sondern vielerorts auch als touristischer Anziehungspunkt. Die ehemaligen Dörfer Konradshöhe, Lübars und Heiligensee bewahren bis heute ihren ländlichen Charakter. Andere Ortsteile wie Reinickendorf, Wittenau, Tegel oder Waidmannslust sind inzwischen stärker städtisch geprägt.

Das Märkische Viertel steht mit seinen rund 17.000 Wohnungen für urbane Konzepte der 60er Jahre. Die Schließung des Tegeler Flughafens wird die betroffenen Ortsteile nicht nur vom Fluglärm befreien, sondern auch Flächen für innovative Industrie- und Bildungsreinrichtungen schaffen.

Wohnungsgenossenschaften haben diesen facettenreichen Bezirk schon früh für ihre Reformbemühungen entdeckt: allen voran die 1895 gegründete „Freie Scholle" mit ihren ersten Siedlungsbauten am Tegeler Fließ.

08 | Reinickendorf

Die Bestände der Mitglieder des Genossenschaftsforums im Bezirk

1	Baugenossenschaft „Freie Scholle" zu Berlin eG	1.437 Wohnungen
2	Baugenossenschaft Reinickes Hof eG	1.552 Wohnungen
3	bbg BERLINER BAUGENOSSENSCHAFT eG	708 Wohnungen
4	Charlottenburger Baugenossenschaft eG	1.641 Wohnungen
5	EVM Berlin Erbbauverein Moabit eG	207 Wohnungen
6	Gemeinnützige Baugenossenschaft Steglitz eG	501 Wohnungen
7	Märkische Scholle Wohnungsunternehmen eG	967 Wohnungen
8	Wohnungsgenossenschaft Neukölln eG	246 Wohnungen

Ihr folgten weitere traditionelle Genossenschaften, die heute über umfangreiche Bestände aus den 20er bis 70er Jahren verfügen. Neben neuen Wohnprojekten prägen inzwischen zahlreiche bauliche und soziale Initiativen das heutige Siedlungsleben. Auch die nachhaltige Entwicklung mit klimagerechten, energetischen Umbaumaßnahmen sowie Wohnungsanpassungen, die auf den demografischen Wandel und neue Lebensstile reagieren, stehen heute bei den Reinickendorfer Wohnungsgenossenschaften im Vordergrund.

Farbige Fassaden an den Taut-Häusern im Moränenweg

„FREIE SCHOLLE" – EIN NAME WURDE PROGRAMM

Die in mehreren Etappen entstandene, denkmalgeschützte Siedlung „Freie Scholle" zählt zum bedeutenden baulichen und kulturellen Erbe des Berliner Reformwohnungsbaus. Die Anfänge mit dem Baumeister, Erfinder und Bruder des Flugpioniers Otto, Gustav Lilienthal, standen in der Kaiserzeit weit vor den Toren der Stadt für ein Selbsthilfeprojekt mit Typenhäusern. Eine frühe öffentliche Förderung unterstützte die Fortführung des ersten Siedlungsteils in der Egidystraße – ab 1903 ohne den prominenten Vorstand Lilienthal – und beherbergte bald 600 Bewohner in 71 Häusern mit 173 Wohnungen.

In den 20er Jahren ermöglichte die Beteiligung im gemeinwirtschaftlichen Gehag-Verbund die Chance zum Weiterbau in professionellen Strukturen und die Kooperation mit dem Architekten Bruno Taut.

Baugenossenschaft „Freie Scholle" zu Berlin eG

- Bauzeit: I 1899–1910, II 1925–31, 1937
- Wohnungen: 1.020, davon 404 Einfamilienhäuser
- Architekten: I u.a. Gustav Lilienthal, II Bruno Taut
- Lage: Tegel, Wohngebiet beiderseits des Waidmannsluster Damm zwischen Tegeler Fließ, Allmendeweg, Steinbergpark und Egidystraße

Historisches Siedlerhaus um 1910

Renovierte Häuser im Steilpfad

Über die baukulturellen Besonderheiten hinaus ist die Siedlung bis heute durch eine hohe Identifikation ihrer Bewohner mit der Genossenschaft und ihrem Quartier geprägt. Die jährlichen Schollenfeste sind im gesamten Bezirk Tradition. Ein vielfältiges Gemeinschaftsleben, das vom Kindergarten bis zur Seniorentagesstätte ein breites Spektrum bietet, wird von ehrenamtlicher Mitarbeit der Bewohner getragen.

Die Bebauung zwischen 1925–31 spiegelt in sieben Etappen die Veränderung der Architekturauffassungen ebenso wie die zunehmende Bereitschaft der Genossenschaftsvorstände wider, sich neuen baulichen Konzepten zu öffnen. Die Siedlung entwickelte sich von freistehenden Doppelhäusern mit Satteldächern über flachgedeckte Reihenhauszeilen bis zum trapezförmigen Schollenhof mit einer zweigeschossigen Wohnbebauung als Gemeinschaft symbolisierende Großform.

Das „blaue Haus" im Erholungsweg

Lesegartenfest im Meller Bogen, 2011

20er Jahre Bauten in der General-Barby-Straße

EINE GENOSSENSCHAFTS-SIEDLUNG IM WANDEL

Die Siedlung Reinickendorf der Charlottenburger Baugenossenschaft eG spiegelt in ihrer schrittweisen Entwicklung bauliche und soziale Reformideen von fast neun Jahrzehnten wider. Der Grundstein wurde 1925 gelegt, als drei- bis viergeschossige Wohnblöcke mit großzügigen Innenhöfen an der Scharnweberstraße nach Plänen verschiedener Architekten entstanden.

Bis zu den Neubauten der 70er Jahre am Meller Bogen im Geiste des Großsiedlungsbaus entwickelte sich sukzessive eine Gesamtanlage, die sich in Nord-Süd-Richtung auf mittlerweile einen Kilometer erstreckt. Während am Südrand das städtische Ambiente mit vielen Läden überwiegt, gilt der nördliche Abschnitt als reine Wohnanlage mit umgebenden Grün- und Spielflächen.

Charlottenburger Baugenossenschaft eG

- Bauzeit: 1925–73
- Wohnungen: 1.641
- Architekten: u.a. Ernst Engelmann und Emil Fangmeyer (Altbau), Gerhard Luhm (Meller Bogen)
- Lage: zwischen Scharnweber Straße und Meller Bogen sowie Engelmannweg und General-Barby-Straße

Für die nachhaltige Sanierung des Wohnkomplexes „Meller Bogen" wurde der Charlottenburger Baugenossenschaft eG die besondere Anerkennung des Deutschen Bauherrenpreises 2009 und der Titel „Klimaschutzpartner Berlin" zuteil. Das vor fünf Jahren abgeschlossene Projekt weist durch die Installation thermischer Solaranlagen auf den Dächern in Kombination mit modernen Heizungen eine deutlich verbesserte Energiebilanz auf. Mit Umgestaltung der Fassaden sowie der Entwicklung innovativer Ideen bei der Nutzung bestehender Gebäudestrukturen wurden Wohn- und Serviceeinrichtungen an Bewohnerbedürfnisse angepasst. So entstanden u.a. Gemeinschaftsräume wie der „Charlotte*Treff*", ein Concierge-Dienst und das Seniorenprojekt „Gemeinschaftlich Wohnen".

Modernisierte Häuser in der Zobeltitzstraße

Ähnliche energetische und gestalterische Aspekte werden aktuell bei der Fortsetzung von Umbaumaßnahmen in der Zobeltitzstraße und im Engelmannweg umgesetzt.

Neu gestaltete Fassade am Meller Bogen

GENOSSENSCHAFTLICHE WOHNANLAGEN AN DER OLLENHAUERSTRASSE

Entlang der Achse Ollenhauerstraße (früher Berliner Straße) entwickelte sich ab Mitte der 20er Jahre ein Siedlungsgebiet mit vielseitigen baulichen und sozialen Qualitäten, das hier u. a. von der Baugenossenschaft Reinickes Hof eG und der EVM Berlin eG repräsentiert wird. Für die Entwürfe beider Wohnanlagen, die dem Stil einer „gemäßigten Moderne" zugeordnet werden können, zeichnete das Architekturbüro Bleier & Clement verantwortlich.

Baugenossenschaft Reinickes Hof eG

- Bauzeit: 1927–38
- Wohnungen: 465

EVM Berlin Erbbauverein Moabit eG

- Bauzeit: 1926–27
- Wohnungen: 206

Gemeinnützige Baugenossenschaft Steglitz eG

- Bauzeit: 1927–1928
- Wohnungen: 157

- Lage: Ollenhauerstraße zwischen Saalmannsteig und Kienhorststraße

Blick auf die Wohnanlage des EVM Berlin

Historisches Foto der Eckbebauung Ollenhauer- und Waldstraße, Baugenossenschaft Reinickes Hof

Der Erbbauverein Moabit (heute: EVM Berlin eG) ließ 1926 eine drei- bis viergeschossige Blockrandbebauung mit 210 Wohnungen zwischen der Kienhorst- und Schulenburgstraße erstellen. Nach außen geschlossen, wurde im Innenbereich auf die Gestaltung eines großen Wohnhofs Wert gelegt. Gartenbänke und eine gepflegte Grünanlage sollten den Bewohnern Erholung vom Trubel der Hauptstraße bieten. In den letzten Jahren erfolgte ein umfangreiches, denkmalgerechtes Sanierungsprogramm, das mit dem Bauherrenpreis des Bezirksamtes Reinickendorf 2010 ausgezeichnet wurde.

Reinickes Hof Selbsthilfe e.V.

Die zwischen 1927–1938 errichtete Wohnanlage der Baugenossenschaft Reinickes Hof eG (früher: Gemeinnützige Baugenossenschaft am Nordbahnhof Berlin-Wittenau) wurde zum Zentrum und gleichzeitig Geschäftssitz des Unternehmens. Das mehrstufige Siedlungsprojekt bildet zwei große Hofensembles. Der Eingangsbereich – mit Betonung des Geschäftshauses in der Mittelachse – wurde zur Straße geöffnet. Zwei kleinere Bauprojekte folgten zwischen 1937 an der Ecke Veltener Straße und im Saalmannsteig. Nach Kriegszerstörungen kam es zum Wiederaufbau und späteren Erwerb von Hauszeilen südlich der Waldstraße. Heute gibt es neben einem Service-Center den aktiven Verein „Reinickes Hof" Selbsthilfe e.V., der unter dem Motto *„Gemeinsam statt einsam"* insbesondere die Nachbarschaftshilfe für die älteren Bewohner pflegt.

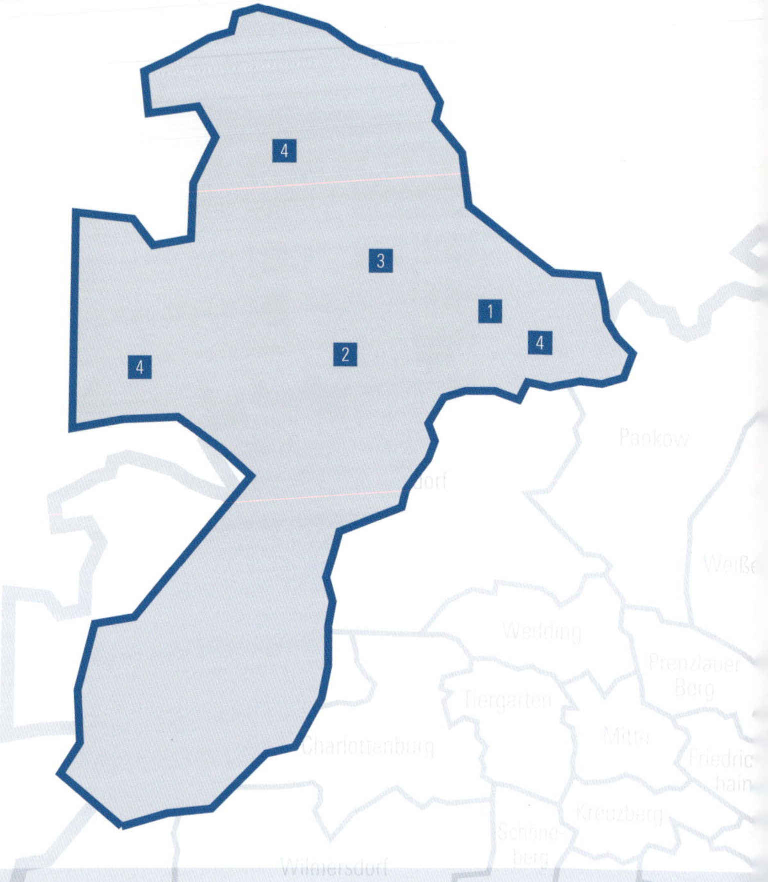

Der im Westen Berlins gelegene Bezirk Spandau – mit seinen Ortsteilen Haselhorst, Siemensstadt, Wilhelmstadt, Hakenfelde, Falkenhagener Feld, Staaken, Gatow und Kladow – wird landschaftlich durch die Flüsse Havel und Spree sowie den Spandauer Forst geprägt. Das ehemals slawische Siedlungsgebiet entwickelte sich schrittweise zur Militär- und Festungsstadt – die Zitadelle ist hierfür noch wehrhafter Ausdruck, inzwischen aber auch beliebter Veranstaltungsort.

1920 ging die selbständige Stadt Spandau in der Großgemeinde Berlin auf. Die heute als UNESCO-Weltkulturerbe anerkannte Großsiedlung Siemensstadt, an der zwischen 1929–31 Architekten wie Walter Gropius, Hugo Häring oder Hans Scharoun mitwirkten, zeigt die Bedeutung dieses Stadtteils auch in der Phase des Neuen Bauens.

Heute ist der Gesamtbezirk durch vielfältige Standortqualitäten zwischen Großstadt, ländlicher Idylle,

09 | Spandau

Die Bestände der Mitglieder des Genossenschaftsforums im Bezirk

1	Beamten-Wohnungs-Verein zu Berlin eG	182 Wohnungen
2	Beamten-Wohnungs-Verein zu Köpenick eG	82 Wohnungen
3	Berliner Bau- und Wohnungsgenossenschaft von 1892 eG	555 Wohnungen
4	Charlottenburger Baugenossenschaft eG	2.866 Wohnungen

Altstadtkiez und märkischem Umland gekennzeichnet, zudem durch eigenständige Entwicklung einzelner Stadtteile mit unterschiedlichen sozialen Milieus.

Seit Beginn des 20. Jahrhunderts engagierten sich im aufstrebenden Industriebezirk auch Genossenschaften für die Versorgung von Arbeiterfamilien, deren Wohnanlagen in Staaken, Siemensstadt oder Hakenfelde eine breite Palette an baulichen Ausprägungen – von der Gartenstadt über städtischen Arbeiterwohnungsbau der Kaiserzeit und Weimarer Republik bis zum sozialen Wohnungsbau darstellen. Ab den 60er Jahren wurden im Bezirk die Großsiedlungsprojekte Falkenhagener Feld und Heerstraße-Nord errichtet, bei denen heute einzelne Bereiche unter genossenschaftlicher Trägerschaft stehen.

Wohnanlage Nonnendamm I Ecke Rohrdamm

Kinderfest im Innenhof, Sommer 1911

GENOSSENSCHAFTLICHES BAUEN IN SIEMENSSTADT

Mit der Entscheidung der Firma Siemens, sich auf den „Nonnenwiesen" unweit der Spree – zwischen den damals noch eigenständigen Städten Charlottenburg und Spandau – anzusiedeln, leitete sie Ende des 19. Jahrhunderts die dynamische Entwicklung eines aufstrebenden Quartiers in die Wege. 1914 bekam es den Namen „Siemensstadt" und wuchs im Laufe der Jahrzehnte zu einem lebendigen Stadtviertel aus Industriebauten, Verwaltungsgebäuden, Wohnanlagen und Freizeiteinrichtungen heran.

Die genossenschaftlichen Projekte konzentrierten sich ab 1910 auf zwei Bauvorhaben. Zunächst wurde die Anlage „Nonnendamm I" mit 140 Wohnungen und 2 Läden fertiggestellt. Im Innenhof zwischen Rohrdamm und Wattstraße entstand ein genossenschaftlicher Kindergarten mit Spielplatz und Turngeräten. Als weitere Einrichtung kam ein Restaurant mit Kegelbahn hinzu.

Charlottenburger Baugenossenschaft eG

- Bauzeit: 1910–13
- Architekten: Johnson, Feldhuber
- Wohnungen: 350
- Lage: zwei Wohnanlagen an der Nonnendammallee zwischen Wernerwerkdamm und Jugendweg sowie Mäckeritzstraße und Rohrdamm

Historisches Foto
Einweihungsfeier der
Anlage Nonnendamm II
am 6.10.1912

1912 erfolgte die Einweihung der Anlage „Nonnendamm II" zwischen Quellweg und Mäckeritzstraße mit 203 Wohnungen. Das Ensemble mit Ehrenhof und Turmaufbauten umfasst eine repräsentative Eingangssituation mit parkähnlicher Gartenanlage sowie zwei ruhige Innenhöfe.

Die Ladengeschosszone mit insgesamt 23 Geschäften war für damalige Zeiten eine große Attraktion.
Seit 1995 stehen die Siemensstädter Wohnanlagen der „Charlotte" unter Denkmalschutz. In der Wattstraße ist ein „Charlotte*Treff*" untergebracht.

Blick in den Ehrenhof der Wohnanlage Nonnendamm II

WOHNANLAGE HAKENFELDE: NEUE IDEEN IN ALTER SIEDLUNG

Erkerdetail am Wansdorfer Platz

Erster Bauteil in der Grafenwalder Straße

Charlottenburger Baugenossenschaft eG

- Bauzeit: 1913–80
- Architekten: u.a. Josef Feldhuber, Erich Glas, Keller & Prömmel, Hans Hoffmann
- Wohnungen: 2.192
- Lage: zwischen Hohenzollernring und Hakenfelder Straße sowie Kornburger Weg und Streitstraße

Die Entwicklung des Stadtteils Hakenfelde, heute wesentlich mit geprägt durch die Charlottenburger Baugenossenschaft eG, setzte mit dem Abbau der südlich angrenzenden Wallanlagen bereits im Jahr 1903 ein. Das in der Nähe der Havel gelegene Gebiet war daher auch für die „Charlotte" attraktiv geworden. Ihre bis Oktober 1913 erstellten 274 Wohnungen konnten aufgrund der hohen Nachfrage in kürzester Zeit vermietet werden.
Der Architekt Josef Feldhuber hatte hier im Landhausstil klare Bauformen mit einem Wechsel von „Ehrenhöfen" und geschlossenen Innenbereichen entworfen.

Ab Mitte der 20er Jahre plante Erich Glas die nördlich anschließende Siedlungserweiterung. Begonnen wurde 1926 mit einer Randbebauung an der Wegscheider Straße, die in einem von Sachlichkeit geprägtem Stil direkt gegenüber den historischen Vorkriegsbauten errichtet wurde. 1928–29 folgten Hauszeilen beidseitig des Michelstadter Wegs.

Vor allem das vom Architektenteam Keller und Prömmel entworfene fünfgeschossige „Hochhaus" am Wansdorfer Platz entwickelte sich durch diverse Ladeneinrichtungen zum Siedlungszentrum. Heute hat hier die lokale Hausverwaltung der „Charlotte" ihren Sitz. Ab 1937 kam es zum Bau von sogenannten „Volkswohnungen" entlang des nördlichen Michelstadter Wegs und der Streitstraße in Form von halboffenen Blockrandbebauungen.

Hauszeile aus den 50er Jahren in der Cautiusstraße

Siedlungsfest der 50er Jahre im Michelstadter Weg

Die nächste Siedlungsetappe stand ab Mitte der 50er Jahre unter dem Leitbild des sozialen Wohnungsbaus. Zunächst am Schwendyweg, später in der Cautiusstraße und westlich des Michelstadter Wegs, entstand ein eigenständiger Siedlungsteil mit frei stehenden Hauszeilen, die bis zum nördlichen Abschluss an der Hakenfelder Straße reichen.

Seit 2010 führt die „Charlotte" hier energetische Modernisierungen durch, darunter die Installation von erdgasbetriebenen Blockheizkraftwerken sowie einer Photovoltaikanlage.

Energetische Modernisierung im Schwendyweg 15–27

Ergebnisse sind wesentliche Einsparungen beim Primärenergiebedarf sowie die deutliche Reduzierung der CO_2-Emissionen. Auf ähnlicher Grundlage werden im Bereich Michelstadter und Waldürner Weg die Maßnahmen fortgesetzt und dreigeschossige Hauszeilen um eine Etage aufgestockt. Insgesamt entstehen bis 2014 dadurch 17 zusätzliche Wohnungen, die über neu angebaute Aufzüge direkt und barrierefrei erschlossen werden.

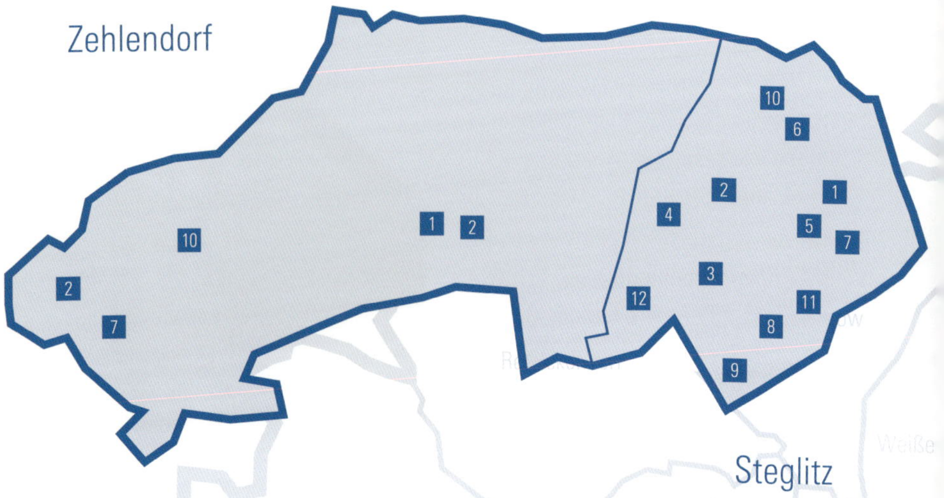

Der 2001 gebildete Doppelbezirk vereint eine Palette landschaftlicher Vielfalt mit den Qualitäten gehobener Wohnstandorte, aber auch überregionale Institutionen wie die Freie Universität mit diversen Forschungseinrichtungen, die Ausflugsgebiete von Grunewald und Havel sowie die Dahlemer Museen, den Botanischen Garten oder die Domäne Dahlem.

Das urbane Steglitz zählt mit seinen Ortsteilen Lichterfelde und Lankwitz seit Anfang des 20. Jahrhundert zur gutbürgerlichen Adresse. In Lichterfelde sind noch heute die romantischen Villen des Baumeisters und Gründers der „Freien Scholle" in Tegel, Gustav Lilienthal, zu besichtigen. Der grüne Ortsteil Zehlendorf, seit 1920 erweitert durch Wannsee, Nikolassee und Dahlem, entwickelte sich in wald- und seenreicher Umgebung zunächst als Standort für ausgedehnte Einfamilienhaus- und Villenkolonien. Erst in den 20er Jahren entstanden hier auch größere Siedlungen von gemeinwirtschaftlichen Wohnungsgesellschaften.

10 | Steglitz-Zehlendorf

Die Bestände der Mitglieder des Genossenschaftsforums im Bezirk

1	bbg BERLINER BAUGENOSSENSCHAFT eG	1.040 Wohnungen
2	Beamten-Wohnungs-Verein zu Berlin eG	1.771 Wohnungen
3	Beamten-Wohnungs-Verein zu Köpenick eG	198 Wohnungen
4	Berliner Bau- und Wohnungsgenossenschaft von 1892 eG	248 Wohnungen
5	Charlottenburger Baugenossenschaft eG	389 Wohnungen
6	EVM Berlin Erbbauverein Moabit eG	982 Wohnungen
7	Gemeinnützige Baugenossenschaft Steglitz eG	766 Wohnungen
8	GeWoSüd Genossenschaftliches Wohnen Berlin-Süd eG	368 Wohnungen
9	Märkische Scholle Wohnungsunternehmen eG	837 Wohnungen
10	wbv Wohnungsbau-Verein Neukölln eG	1.544 Wohnungen
11	Wohnungsbaugenossenschaft DPF eG	27 Wohnungen
12	Wohnungsgenossenschaft Neukölln eG	404 Wohnungen

Unter den Genossenschaften waren es zunächst die Beamten-Wohnungs-Vereine, die die vorstädtischen Standorte im Berliner Südwesten für ihre Mitglieder entdeckten, darunter bauhistorisch bedeutende Gartenstadtsiedlungen, später auch großzügige Anlagen des 20er Jahre Reformwohnungsbaus bis zu den Nachkriegsbauten im Stile der aufgelockerten Stadt wie in den Ortsteilen Lankwitz oder Lichterfelde.

Heute verfügen Wohnungsgenossenschaften im Großbezirk über Bestände, die sich auch aufgrund ihrer umfassenden Modernisierung und Anpassung an aktuelle Wohnbedürfnisse sowie ihrer bevorzugten Lage großer Beliebtheit erfreuen.

WOHNANLAGE FRITSCHWEG: EINE GENOSSENSCHAFTLICHE PRIVATSTRASSE IN STEGLITZ

Fassadendetail im Fritschweg

Zugang von der Rückertstraße in den tiefer liegenden Privatweg

Beamten-Wohnungs-Verein zu Berlin eG

- Bauzeit: 1908
- Wohnungen: 147
- Architekt: Paul Mebes
- Bildhauer: Walter Schmarje
- Lage: Grillparzerstraße 15–16, Rückertstraße 4–5 und Fritschweg

Die von Paul Mebes, damaliger Vorstand und Architekt der Genossenschaft, 1907 entworfene Wohnanlage erstreckt sich auf einem langgezogenen Grundstück zwischen Grillparzer- und Rückertstraße. Sie wurde zum Vorbild einer städtebaulichen Lösung, die – das schwierige Areal geschickt ausnutzend – eine besondere bauliche Form für das Wohnen in der Gemeinschaft fand. Namensgeber der Siedlung war der Mitbegründer der Beamten-Wohnungs-Verein zu Berlin eG Bruno Fritsch.

Durch symmetrische Kopfbauten an den Straßenfronten wird trotz des Einschnitts des Privatwegs die einheitliche Gesamtwirkung nach außen gewahrt. Die Fußgängererschließung erfolgt inmitten einer dreigeschossigen, beidseitigen Randbebauung. Damit konnten die Vorteile einer reihenhausähnlichen Anordnung mit gleichberechtigten Zugängen für die Bewohner in Einklang gebracht werden.

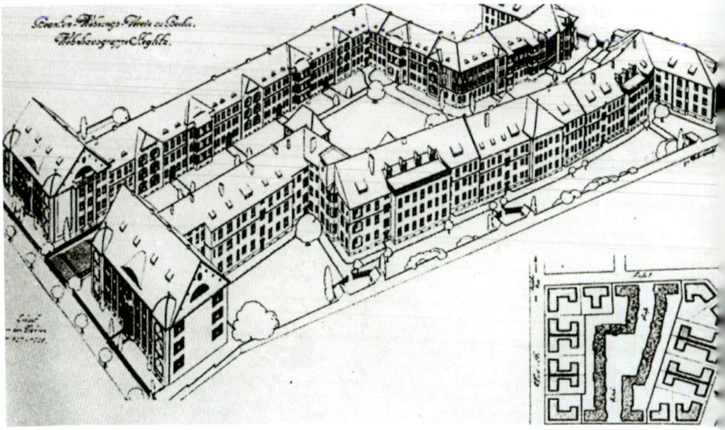

Perspektivische Ansicht der Wohnanlage Fritschweg

Den Geländesprung gestaltete Mebes durch Höhenstaffelung der Baukörper sowie lebendige Wegeführung mit zentraler Platzerweiterung. Eingänge und Fassaden schmücken Bildhauerarbeiten von Walter Schmarje.

Erkerdetail mit Turmabschluss an der Grillparzerstraße

Die Architektur der unter Denkmalschutz stehenden Klinkerbauten erinnert an die Leitbilder des von Paul Mebes herausgegebenen Buchs „Um 1800", in dem er im Gegensatz zum überladenen Stil der Gründerjahre eine reduzierte, an frühen Klassizismus erinnernde Formensprache fordert. An der Rückseite der Gebäude finden sich kleine Mietergärten, die sich bis heute großer Beliebtheit unter den Bewohnern erfreuen. Trotz der Nähe zum Steglitzer Einkaufszentrum ist hier die Ruhe und Beschaulichkeit des vergangenen Jahrhunderts zu spüren.

Sommerfest in der Lothar-Bucher- und Jeverstraße

GENOSSENSCHAFTS-VIELFALT RUND UM DEN LAUENBURGER PLATZ

Gemeinnützige Baugenossenschaft Steglitz eG

- Bauzeit: 1925–30, 2000
- Wohnungen: 364
- Architekten: u.a. Schneidereit, Brandt und Böttcher (Neubau)

wbv Wohnungsbau-Verein Neukölln eG

- Bauzeit: 1929–30, 2006
- Wohnungen: 574
- Architekten: u.a. Mebes & Emmerich, Schneidereit, Zimmerreimer Weiß & Faust (Neubau)

- Lage: Wohngebiet zwischen Körner-, Lothar-Bucher-, Horst-Kohl-, Göttinger- und Bergstraße

Das ab Mitte der 20er Jahre entstandene Quartier in Nähe des S-Bahnhofs Feuerbachstraße stellt bis heute einen Schwerpunkt genossenschaftlichen Bauens dar. Es ist Spiegel mehrerer Zeitepochen, darunter Wohnanlagen der Weimarer Republik, Hauszeilen im Zeitgeist der 50er Jahre sowie aktuelle Neubauprojekte. Stellvertretend dafür stehen die Wohnungsbestände von zwei Genossenschaften:

Die 1925 gegründete Gemeinnützige Baugenossenschaft Steglitz eG, kurz GBSt genannt, hat hier ihren namensgebenden Stammsitz und bildet mit ihrer Geschäftsstelle in der Kniephofstraße 58 das Zentrum ihres über das ganze Stadtgebiet Berlins verteilten Bestands. Die Anlage wurde zwischen 1925–30 vor allem mit kleinen Wohnungen von 1–3 Zimmern errichtet. Erhebliche Kriegszerstörungen zogen 1950–56 auch Wiederaufbauten in neuem sachlichen Stil nach sich.

Renovierte Fassaden an der Kniephofstraße (GBSt)

Nach umfangreichen Sanierungsarbeiten an Fassaden, Dächern und mit Vollwärmeschutz zeigen sich die Gebäude heute wieder als einheitliches Siedlungsgefüge. Im Jahr 2000 wurde zudem ein Wohn- und Bürohaus an der Ecke Kniephof- und Jeverstraße als Lückenschließung errichtet. Im Hofbereich befindet sich seitdem auch der beliebte Mitgliedertreff mit einer Vielzahl von Veranstaltungen.

Der wbv Wohnungsbau-Verein Neukölln wurde Ende der 20er Jahre im östlichen Teil des Gebietes zwischen Horst-Kohl-, Göttinger- und Friedrichsruher Straße aktiv. Mit mehreren Architektenteams entstand eine Bandbreite unterschiedlicher Bau- und Wohnstile, alle jedoch geprägt durch Straßenrandbebauungen und großzügige Innenhöfe.

Zu einem Siedlungsschwerpunkt entwickelte sich das 2005 umgebaute Waschhaus im Hof der Göttinger Straße, das mit neuester Technik ausgestattet wurde und inzwischen auch ein beliebtes „Waschcafé" beherbergt. Als Erweiterung der Siedlung konnte 2006 ein Neubau mit 14 Wohnungen in der Kniephofstraße 27 bezogen werden.

Eckbau an der Friedrichsruher- und Altmarkstraße (wbv)

Neubau in der Kniephofstraße 27 (wbv)

GENDERGERECHTE INNENHOFGESTALTUNG IN STEGLITZ

Blick in den neugestalteten Wohnhof

Ideenentwicklung am Modell

Die 1925 errichtete Wohnanlage der Charlottenburger Baugenossenschaft eG stellte ihr erstes Neubauvorhaben nach dem Ersten Weltkrieg dar. Die im Stil einer moderaten Moderne geplante Siedlung besteht aus zwei Bauabschnitten. Im Jahr 2009 kam der geschlossene Block zwischen Berg-, Lessing-, Wuthenow- und Filandastraße in den Fokus neuer Überlegungen. Ausgangspunkt bildete der rund 4.400 m² große sanierungsbedürftige Innenhof. Als problematisch wurden neben baulichen Mängeln vor allem Autoabstellplätze im Innenbereich empfunden.

Mit Unterstützung der Senatsverwaltung für Stadtentwicklung und des Beratungsnetzwerkes gender+ wurde eine Zukunftswerkstatt durchgeführt, die im Zusammenhang mit dem Berliner gleichstellungspolitischen Rahmenprogramm: „Genossenschaftliches Wohnen als selbstbestimmte Wohn- und Lebensform" stand.

Charlottenburger Baugenossenschaft eG

- Bauzeit: 1925
- Wohnungen: 389
- Realisation Hofgestaltung: 2009
- Landschaftsarchitektin: K. Niproschke
- Konzept: gender+, C. Droste
- Lage: Wohnblock zwischen Berg-, Lessing-, Wuthenow- und Filandastraße

Landschaftsplanerisch gestalteter Außenbereich

Die „Charlotte" beschritt mit ihrer Landschaftsarchitektin einen neuen Weg, systematisch Gender-Kriterien in den partizipativen Planungsprozess einzubeziehen. Der aus dem Englischen entlehnte Begriff „Gender" bezeichnet dabei die soziale Geschlechtsrolle – nicht nur die körperliche –, von denen Menschen in ihrer Alltagskultur geprägt werden.

Der Einladung zur Planerwerkstatt folgten mehr als 90 Mitglieder: vom Kleinkind bis zur Hochbetagten. Sie wurden in vier Gruppen (Frauen, Männer, Kinder, Erwachsene gemischt) eingeteilt, die an Modellen ihre Visionen zur Nutzung des Hofes entwickelten. Sowohl das Vertreten unterschiedlicher Bedürfnisse als auch das Finden von Kompromissen wurde durch das moderierte Verfahren möglich.

Der darauf entwickelte Entwurf integrierte Vorstellungen von Aufenthalts- und Bewegungszonen, Spiel- und Pflanzflächen sowie ein Gemeinschaftsbeet und einen Boule-Platz. Zur Einweihung am 11.7.2009 mit Bezirksbürgermeister und Senatsbaudirektorin wurde als positives Resultat festgestellt, dass durch das Verfahren eine grüne Oase mit neuen Erholungs- und Bewegungsflächen für alle Lebensphasen entstanden war und vor allem die früher dort parkenden Autos durch Bewohnerentscheid verbannt werden konnten.

Der Wohnhof am Eröffnungstag, 11.7.2009

Blick auf die Wohnanlage von der Neuchateller Straße mit Treppenhaus und Laubengängen

DAS LAUBENGANGHAUS – ZEITZEUGNIS DES NEUEN BAUENS

Ab Mitte der 20er Jahre hatte die Form des Laubenganghauses in einigen deutschen Städten von sich Reden gemacht. In Berlin war der damalige Beamten-Wohnungs-Bauverein Neukölln bei Einführung dieser innovativen Lösung des modernen Wohnungsbaus Vorreiter. Das 1929 von dem Wiener Architekten Anton Brenner in Zusammenarbeit mit dem Büro Mebes & Emmerich geplante Gebäude bedeutete für die Genossenschaft ein Experiment in vielfacher Hinsicht. Neben der neuartigen Stahlskelettkonstruktion führte die Erschließung für die Bewohner auch zu neuen Ansätzen des gemeinschaftlichen Wohnens.

Für das schmale Grundstück an der Wannseebahn stellte dieser Haustyp eine ideale Lösung dar. Zur Neuchateller Straße im Nordwesten wurden Küchen und Bäder orientiert, nach Südosten die Wohn- und Schlafräume.

wbv Wohnungsbau-Verein Neukölln eG

- Bauzeit: 1929–30
- Wohnungen: 53
- Architekten: Anton Brenner, Paul Mebes und Paul Emmerich
- Lage: Lichterfelde, Neuchateller Straße 19–20

Besichtigung des Laubenganghauses am 18.5.1930

Der offene Laubengang ermöglichte ein sparsames Bauen, da nur zwei Treppenhäuser insgesamt 56 Wohnungen erschlossen. Durch direkten Zugang in jede Wohnung gelang es zudem, die Qualität einer Reihenhausanlage im mehrgeschossigen Wohnungsbau zu erzeugen und gleichzeitig auch neue Kommunikationsformen anzuregen. Dabei wurde der gemeinsame Außenflur zum beliebten Aufenthalts- und Treffpunkt unter den Nachbarn. Die Wohnungen boten eine Bandbreite von neun unterschiedlichen Typen. Als besondere Gemeinschaftseinrichtungen galten die Dachterrassen, die für „Luft- und Sonnenbäder" gedacht waren und den Architekturstil der klassischen Moderne ausdrücken.

Auch heute werden die vielseitigen Nutzungsmöglichkeiten des Laubenganghauses von den Bewohnern geschätzt. Die Grünanlagen an der Gebäuderückseite dienen der Erholung oder auch zur gemeinschaftlichen Nutzung bei Siedlungsfesten.

Historisches Foto der Dachterrasse

DIE GARTENSTADT ZEHLENDORF IM BERLINER SÜDWESTEN

Gartenstädtisch Wohnen in der Thür- und Dallwitzstraße

Beamten-Wohnungs-Verein zu Berlin eG

- Bauzeit: I 1912–14, II/III 1919–23, IV 1930
- Wohnungen: 299
- Architekten: Paul Mebes und Paul Emmerich, Franz Tonndorf
- Lage: Am Weißen Steg, Berlepschstraße, Camphausenstraße, Dallwitzstraße, Grenzpfad, Radkestraße, Rotherstieg, Schrockstraße und Thürstraße

Angeregt durch Ideen der Gartenstadtbewegung sowie den Städtebauwettbewerb Groß-Berlin 1910 begann die bis dahin nur im innerstädtischen Bereich bauende Genossenschaft, sich ein neues Terrain vor den Toren der Stadt zu erschließen. Auch Staatsdienern sollte nun ein naturbezogenes Leben in Licht, Luft und Sonne ermöglicht werden. In einer frühen Form der Bewohnerpartizipation wurden die zukünftigen Nutzer zu ihren Wohnvorstellungen und präferierten Haustypen befragt.

Der Entwurf von Paul Mebes, Architekt und Vorstand der Genossenschaft, setzte die Ergebnisse in einer Palette variantenreicher Gebäudeformen um. Gleichzeitig gelang es ihm, die Vielfalt im Detail zu einem städtebaulichen Gesamtensemble zu verbinden.

Historisches Foto der platzartigen Erweiterung am Rotherstieg

Der ab 1919–21 zusammen mit dem Büropartner Paul Emmerich folgende Bauabschnitt in der Radtkestraße stand bereits unter dem zeitgenössischen Motto des farbigen Bauens. Reihen- und Doppelhäuser erhielten unterschiedliche Farbrahmen, die mit Tür- und Fensteranstrichen korrespondierten. Im Jahr 1930 erfuhr die Gartenstadt Zehlendorf durch den Architekten Franz Tonndorf mit kleineren Reihenhäusern ihren baulichen Abschluss.

Farbiges Bauen in der Radtkestraße

Im Jahr 2010 erwarb die Beamten-Wohnungsverein zu Berlin eG den Bestand des dritten Bauabschnitts, der zwischen 1921–23 ursprünglich von der Wohnstättengesellschaft errichtet wurde. Damit kann sie nun als alleinige Eigentümerin der gesamten Gartenstadt Zehlendorf die Zukunft der denkmalgeschützten Anlage ganzheitlich weiterentwickeln.

Erster Bauabschnitt in der Camphausenstraße

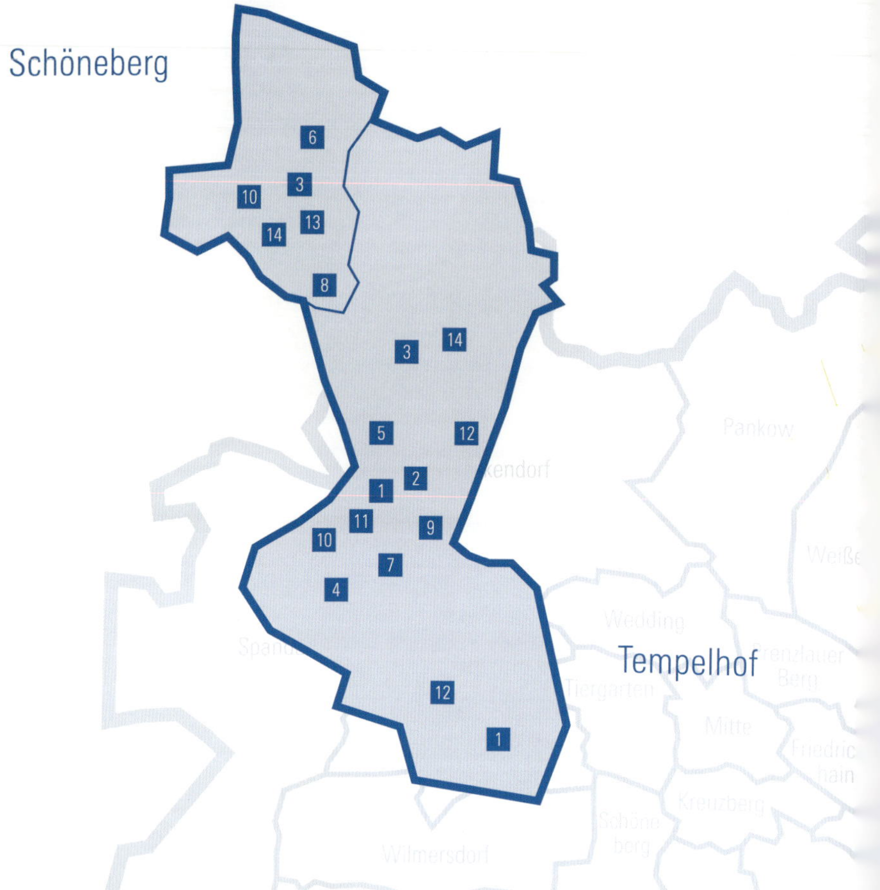

Die Bezirksfusion 2001 brachte eine Zusammenführung zweier sehr unterschiedlicher Partner mit sich. Das zum Teil noch heute von Industrie geprägte, eher vorstädtische Tempelhof und das zentrumsnahe Schöneberg bieten eine Vielfalt an Wohnstandorten zwischen gutbürgerlichem Viertel bis Szenekiez. Aktuelle städtebauliche Schwerpunkte mit überregionaler Anziehungskraft bilden das Gelände des Tempelhofer Flughafens oder der Tempelhofer Hafen mit Ullsteinhaus.

Beide Stadtteile führen ihre Namen auf alte Dörfer zurück. Tempelhof, vereint mit Mariendorf, Marienfelde und Lichtenrade, liegt auf einem Gebiet, das im Mittelalter von Rittern des Tempelherren-Ordens kolonialisiert wurde.

Schöneberg bezieht sich auf eine Gründung des 13. Jahrhunderts, seit 1920 erweitert durch die ehemalige Landhauskolonie Friedenau.

11 | Tempelhof-Schöneberg

Die Bestände der Mitglieder des Genossenschaftsforums im Bezirk

1	Baugenossenschaft IDEAL eG	1.475 Wohnungen
2	bbg BERLINER BAUGENOSSENSCHAFT eG	1.278 Wohnungen
3	Beamten-Wohnungs-Verein zu Berlin eG	1.210 Wohnungen
4	Beamten-Wohnungs-Verein zu Köpenick eG	1.336 Wohnungen
5	Berliner Bau- und Wohnungsgenossenschaft von 1892 eG	1.503 Wohnungen
6	„Bremer Höhe" eG Wohnungsbaugenossenschaft	21 Wohnungen
7	EVM Berlin Erbbauverein Moabit eG	1.191 Wohnungen
8	GeWoSüd Genossenschaftliches Wohnen Berlin-Süd eG	1.322 Wohnungen
9	Gemeinnützige Baugenossenschaft Steglitz eG	143 Wohnungen
10	Märkische Scholle Wohnungsunternehmen eG	1.157 Wohnungen
11	Mariendorf-Lichtenrader Baugenossenschaft eG	800 Wohnungen
12	wbv Wohnungsbau-Verein Neukölln eG	998 Wohnungen
13	Wohnungsbaugenossenschaft „Am Ostseeplatz" eG	10 Wohnungen
14	Wohnungsgenossenschaft Neukölln eG	1.151 Wohnungen

Die Bandbreite der verschiedenen Quartiere spiegelt sich auch in der großen Vielfalt der lokalen Wohnungsbaugenossenschaften wider: von der kleinen Wohnhofanlage der Kaiserzeit über den typischen Reformwohnungsbau der 20er Jahre – wie etwa im Lindenhof oder im Bereich rund um den Attilaplatz – bis zur Beteiligung am Großsiedlungsbau in Marienfelde. Genossenschaften zeichneten sich als Bauherren der Nachkriegszeit mit den typischen Hauszeilen der 50er bis 70er Jahre aus, später als behutsame Sanierungsträger in Altbauvierteln. Heute zeigen vereinzelte Neubauvorhaben individuelle Lösungen, wie genossenschaftliche Traditionen mit modernen Wohnansprüchen kombiniert werden können.

DENKMALSCHUTZ UND NEUINTERPRETATION: DIE SIEDLUNG AM FRANCKEPARK

Eckgebäude an der Albrechtstraße und Templerzeile

Dreigeschossige Hauszeile mit Dachaufbauten

Märkische Scholle Wohnungsunternehmen eG

- Bauzeit: 1929–30, 1993
- Wohnungen: 792
- Architekt: Erwin Gutkind Dachaufbauten: Benedict Tonon
- Lage: am Franckepark, Albrecht-, Felix-, Götz-, Zastrowstraße, Templerzeile

Die genossenschaftliche Wohnanlage wurde zum Ende der 20er Jahre auf ehemaligem Laubenkoloniegelände nach Plänen des bekannten Architekten Erwin Gutkind errichtet. Trotz der streng gegliederten Gesamtstruktur mit dreigeschossigen Hauszeilen in Nord-Süd-Richtung zeigen die einzelnen Baukörper eine große Formenvielfalt, die sich in der variantenreichen Anordnung von Treppenhäusern, Balkonen, Eckausbildungen aber auch in der Materialkombination aus Putz, Klinker, Glas- und Stahlelementen ausdrückt. Der Bezug zur topographischen Lage wird im Westen durch Öffnung der Randbebauung zum niedriger gelegenen Franckepark betont.

Von den ursprünglich geplanten über 1.000 Wohnungen konnte aufgrund der nahenden Weltwirtschaftskrise 1930 nur ein Teil realisiert werden. Sie orientieren sich im Wechsel zu Innenhöfen oder Erschließungsstraßen.

Gemeinschaftshaus in umgebauter Ladenzone

An der Albrechtstraße entstand damals als Bindeglied eine eingeschossige Ladenzeile. Hier befindet sich heute ein multifunktionales Gemeinschaftshaus mit großem Veranstaltungsraum sowie einem Bewohnercafé.

Ausgehend von einem Anfang der 90er Jahre begonnenen Sanierungsprogramm wurde der Weiterbau der Siedlung im Rahmen eines Architekturwettbewerbs diskutiert. Die Umsetzung der preisgekrönten Lösung schuf durch Dachaufbauten größere Grundrisse und damit Wohnraum auch für junge Familien.

Dem genossenschaftlichen Leitgedanken zur Energieeinsparung folgend, erhalten die Fassaden seit 2011 ein Wärmeverbundsystem. Hierbei gilt die Siedlung am Franckepark als gelungenes Beispiel für das Zusammenspiel von Denkmalschutz mit neuen klimagerechten Anforderungen.

Gutkind-Bauten mit Orientierung zur Gartenseite

ANKNÜPFUNG AN GENOSSENSCHAFTLICHE TRADITIONEN IN ALT-MARIENDORF

Fassadendetail in der Körtingstraße

Blick auf die Marconistraße 2

EVM Berlin Erbbauverein Moabit eG

- Bauzeit: 1928–29, 1953–57, 1990–96 (Dachgeschossausbau)
- Wohnungen: 661
- Lage: Mariendorf, zwischen Wilhelm-Pasewaldt-, Körting- und Fritz-Werner-Straße, Forddamm

Der historische Teil der Wohnanlage Mariendorf entstand mit rund 450 Wohnungen im Jahr 1930 als letztes großes Projekt des Erbbauvereins Moabit vor dem Zweiten Weltkrieg. Viele der neu hinzuziehenden Genossenschaftsmitglieder waren Betriebsangehörige der nahegelegenen Werkzeugmaschinenfabrik Fritz-Werner AG, die zum Namensgeber einer der Siedlungsstraßen wurde. Die Bezeichnung Lauxweg bezog sich dagegen auf den Mitbegründer der Genossenschaft, Carl Laux.

Die dreigeschossige Straßenrandbebauung ließ Platz für große, innenliegende Höfe. Die Qualität, in Licht, Luft und Sonne und quasi „auf dem Dorf" zu leben, schätzten die Bewohner als besonderen Vorzug. Dazu nahmen sie auch die Mühen des Heizens mit Kohleöfen in Kauf, die den heutigen Wohnungsnutzern durch moderne Gaszentralheizungen erspart bleiben.

Zu seinem 50-jährigen Genossenschaftsjubiläum legte der EVM – anstatt einer aufwändigen Feier – am 7. März 1954 den Grundstein für die Neubauten und läutete damit den Auftakt im sozialen Wohnungsbauprogramm ein, das bis 1957 mit insgesamt 200 Wohnungen fortgesetzt wurde.

Historische Aufnahme Ecke Marconistraße/Forddamm

Vor dem EVM-Treff in der Körtingstraße

Die genossenschaftliche Gemeinschaft erlebte durch die Siedlungserweiterung neuen Aufschwung. Gerade hier im „Dorf" engagierte sich die junge Generation für aktive nachbarschaftliche Beziehungen und legte damit den Grundstein für das heute noch lebendige Miteinander. Der im Oktober 2000 in einem ehemaligen Friseursalon in der Körtingstraße eröffnete EVM-Treff und das nahe gelegene EVM-Infobüro, sind zu Institutionen im Kiez geworden und aus dem Leben der Genossenschaftsmitglieder nicht mehr wegzudenken.

Ausgehend von einer Lückenschließung im Lauxweg folgten auf ehemaligem Kleingartengelände Hauszeilen im Stil des aufgelockerten Städtebaus in der Wilhelm-Pasewaldt-Straße sowie weitere am Forddamm, in der Marconi- und Großbeerenstraße.

Wohnhaus in der Wilhelm-Pasewaldt-Straße

Neue Balkons zum parkähnlich gestalteten Wohnhof, Mariendorf-Lichtenrader Baugenossenschaft

GENOSSENSCHAFTLICHE KOOPERATION IM MARIENDORFER KIEZ

Baugenossenschaft IDEAL eG
606 Wohnungen

bbg BERLINER BAUGENOSSENSCHAFT eG
527 Wohnungen

Mariendorf-Lichtenrader Baugenossenschaft eG
382 Wohnungen

Märkische Scholle Wohnungsunternehmen eG
265 Wohnungen

› Lage: Quartier zwischen Mariendorfer Damm sowie Schützen-, Kaiser- und Ullsteinstraße

In Mariendorf, südlich des Teltowkanals, ist mit den Jahrzehnten ein Quartier entstanden, das die Vielfalt unterschiedlicher Genossenschaftsansätze widerspiegelt. Seit 2008 existiert hier eine übergreifende Kooperation, die unter dem Motto *„Mach mit – Genossenschaften im Kiez"* sogar eine eigene Siedlungszeitung herausgibt.

Ihren Ursprung im Quartier hat die 1927 gegründete Mariendorf-Lichtenrader Baugenossenschaft. Sie wurde auf Initiative von Mietern ins Leben gerufen, die ihre in der Kaiserzeit entstandenen Häuser selbst erwarben. Noch heute befindet sich die Geschäftsstelle im historischen Ensemble in der Rathausstraße 5. Der umfangreiche Bestand setzt sich inzwischen aus einer Mischung von denkmalgerecht sanierten Gründerzeitbauten über Anlagen des sozialen Wohnungsbaus bis zu modernen Dachgeschossausbauten zusammen. Neugestaltete Innenhöfe erfreuen sich bei allen Bewohnern großer Beliebtheit.

In den 20er Jahren wurde auch die „Märkische Scholle" im südlichen Bereich an der Kaiser-, König- und Schützenstraße aktiv. Ein kriegszerstörter Teil wurde in neuem Stil wiederaufgebaut. Noch 1942 errichtete die Baugenossenschaft IDEAL sogenannte „Volkswohnungen" an der Markgrafen- und Machonstraße sowie Monschauer Weg. Ab Ende der 50er Jahre folgten Neubauten zwischen Ullsteinstraße und Teltowkanal.

Sanierte 20er Jahre Bauten der Märkischen Scholle

Neubau der bbg in der König- und Kochstraße

Gleichzeitig entstanden Gemeinschaftseinrichtungen wie die „Turnhalle" – ein ehemaliges Kino – im Hof der Kurfürstenstraße, in der zahlreiche Aktivitäten stattfinden. Der in Räumen der bbg ansässige Verein „Freunde alter Menschen" kümmert sich insbesondere um die älteren Bewohner im Quartier.

Die bbg wurde 1972 Sanierungsträger im Areal zwischen Kurfürsten-, Machon- und Rathausstraße. Neben der Erhaltung denkmalgeschützter Häuser mussten zwar marode Gebäude im Sinne der behutsamen Stadterneuerung weichen. An ihre Stelle traten Neubauprojekte, wie z.B. in der König-, Koch- und Machonstraße.

Im Juni 2012 eröffnete eine Concierge-Einrichtung der Genossenschaften bbg und IDEAL an der Ecke Kurfürsten- und Machonstraße.

GENOSSENSCHAFTLICHES ENGAGEMENT IN DER GROSSSIEDLUNG MARIENFELDE

Treff vor dem Gemeinschaftshaus

Beamten-Wohnungs-Verein zu Köpenick eG

- Bauzeit: 1961–76
- Wohnungen: 1.210
- Lage: Marienfelde, zwischen Weskamm- und Hildburghauser Straße, Lichterfelder- und Tirschenreutherring

Nach dem Auftakt im Stammbezirk Köpenick sowie den Bestandserweiterungen im westlichen Schmargendorf mit bedeutenden Beiträgen zur Siedlungsvielfalt der 20er Jahre engagierte sich der Beamten-Wohnungs-Verein zu Köpenick im sozialen Wohnungsbau der Nachkriegszeit. Hierbei ging es in den neuen Großsiedlungen zunächst weniger um einen eigenen genossenschaftlichen Baustil als vorrangig um die Schaffung familiengerechter Wohnungen mit Förderung gemeinschaftsorientierter Nachbarschaften.

Zwischen 1961–76 errichtete der BWV im Neubaugebiet Marienfelde insgesamt 1.210 Wohnungen, eine Dimension, die sich nicht nur in quantitativer als auch qualitativer Hinsicht sehen lassen konnte. Ausgehend von den Prinzipien der aufgelockerten Stadt spiegelte sich hier das Leitbild des zeitgenössischen Großsiedlungsbaus am Stadtrand wider.

Blick auf die sanierten Wohnhäuser der Marienfelder Großsiedlung

Selbst ein 14-geschossiges Hochhaus war nun keine Seltenheit mehr. Genossenschaftliches Leben entstand vor allem durch die vielen jungen Familien, die sich über eine komfortable Neubauwohnung freuten und zunächst in Eigeninitiative Aktivitäten für die Kinder organisierten. Aber auch die Erwachsenen meldeten neue Bedarfe an. Der BWV reagierte mit Einrichtung genossenschaftseigener Tennisplätze, später folgten weitere Angebote wie Rollschuh- und Fußballplätze sowie eine Minigolfanlage.

Barrierefrei gestalteter Hauseingangsbereich

Ein Gewinn für alle stellt auch das umgestaltete, ehemalige Baubüro im Hofbereich Tirschenreuther Ring 74 dar, das für vielfältige Veranstaltungen, Kurse und Beratungsangebote rege genutzt wird.

Die Siedlung wurde in den letzten Jahren energetisch saniert, modernisiert und heutigen Wohnansprüchen angepasst. Zum umfangreichen Maßnahmenpaket zählten die Anbringung eines Wärmedämm-Verbundsystems, der Austausch der Fenster sowie die Umstellung der Energieversorgung auf Gas-Brennwerttechnik und der Einbau eines Blockheizkraftwerks. Mit Hilfe von Rampen und Aufzügen wurden mehrere Haueingangsbereiche barrierearm umgestaltet und ermöglichen den schwellenlosen Wohnungszugang.

Ansicht Suttnerstraße mit neuem Dachaufbau

Maisonette-Wohnung im Dachgeschoss

TRADITIONELL – MODERN: BAUEN, WOHNEN UND ARBEITEN IM LINDENHOF

Mit dem Lindenhof entstand 1919 die erste Berliner Großsiedlung in der jungen Weimarer Republik. Auf Initiative und nach Entwürfen des Schöneberger und ab 1924 Gesamtberliner Stadtrats Martin Wagner wurde hier an frühe gartenstädtische Konzepte angeknüpft. Diese waren eng verbunden mit Beiträgen von Bruno Taut, der ein Ledigenheim (im Krieg zerstört) entwarf, sowie Leberecht Migge, der für die Konzeption der Selbstversorgergärten und des großzügigen Parks mit Badesee verantwortlich zeichnete.

Zunächst in kommunaler Trägerschaft errichtet, wurde der Lindenhof im Jahr 1921 an die Bewohnergenossenschaft Lindenhof eGmbH übergeben, die bald ein reges Gemeinschaftsleben entwickelte. An die Qualitäten der damaligen Wohnsituation wird heute mit einer „Museumswohnung" in der Eythstraße 53 erinnert.

GeWoSüd
Genossenschaftliches Wohnen
Berlin-Süd eG

- Bauzeit: I 1919–21, II 1929–31, III 1954–77, IV 2008–09
- Wohnungen: 1.267
- Architekten: I Martin Wagner, Bruno Taut, II Heinrich Lassen, Adolph Jürgensen, III Sobotka & Müller, IV Carlos Zwick
- Lage: zwischen Eyth-, Röbling-, Arnulf- und Domnauer Straße

Blick auf den historischen Lindenhof, rechts im Bild das im Krieg zerstörte Ledigenheim von Bruno Taut

Hausgruppe der 50er Jahre mit Spielplatz

Während des Zweiten Weltkriegs wurde ein Großteil der Siedlung zerstört. Quer zur Straße gestellte Zeilenbauten sowie das „Hochhaus“ am See zeugen von den neuen Ideen des aufgelockerten Städtebaus ab den 50er Jahren, fügen sich jedoch harmonisch in das seit 1992 unter Denkmalschutz stehende Gesamtensemble ein. Seit seiner Entstehung stellt der Lindenhof, gleichzeitig Sitz der GeWoSüd-Geschäftsstelle, eine Insel genossenschaftlicher Tradition und eines aktiven miteinander Lebens dar. Noch heute finden jährliche Sommerfeste im Park statt und es gibt diverse Gemeinschaftsräume für Jung und Alt.

Unter dem Motto „traditionell-modern“ wurden ab 2008 neue Ideen zum Weiterbau entwickelt, um die historische Baustruktur aktuellen Ansprüchen anzupassen. Die Maisonette-Wohnungen des mehrfach ausgezeichneten Projekts bieten attraktive Lösungen für neue Nutzergruppen.

Entwurfszeichnung für den Dachaufbau und die Fassadengestaltung in der Suttnerstraße

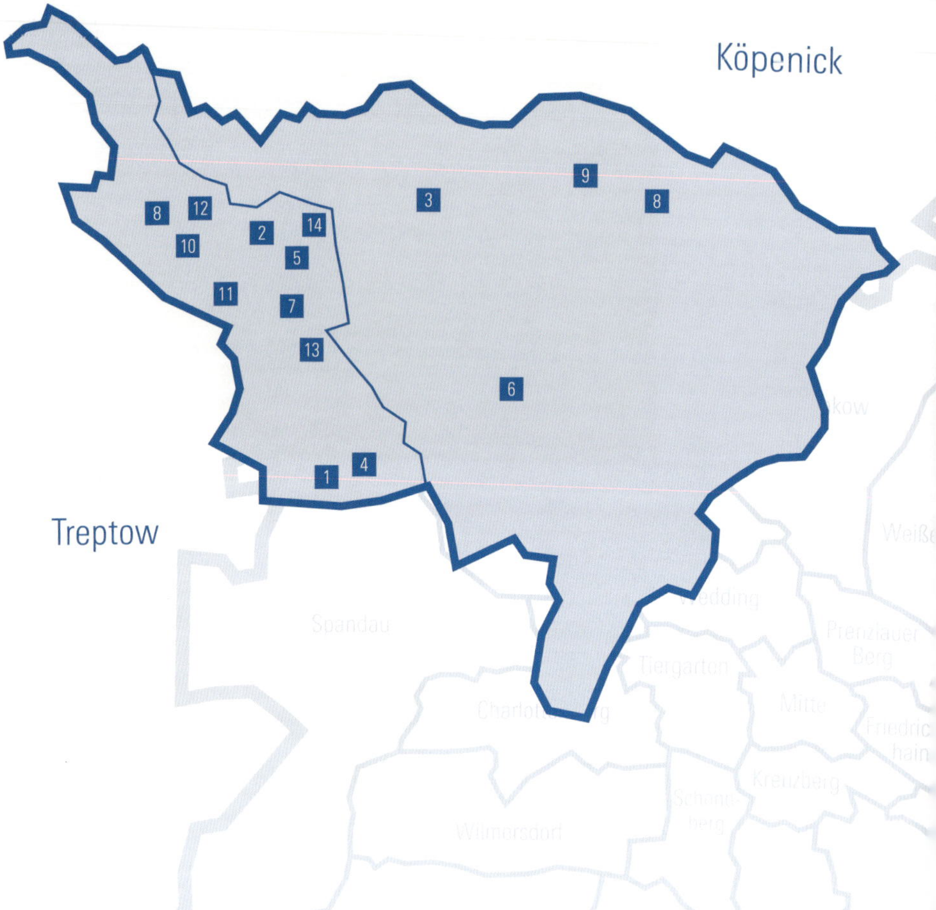

Der 2001 vereinte, flächenmäßig größte Bezirk im Südosten Berlins blickt nicht nur auf eine lange Geschichte zurück, sondern zeichnet sich durch attraktive grüne Wohnlagen aus. Städtebauliche Qualitäten reichen vom Gründerzeitviertel in Alt-Treptow über den Altstadtkiez in Köpenick und historische Gartenstadtgründungen bis zu den ausgedehnten Wohnanlagen entlang der Spree und S-Bahnlinie. Der Wissenschaftsstandort Adlershof, der seit 1992 zum größten Technologiepark Deutschlands reüssierte, sowie der Müggelsee, das Spree-/Dahmegebiet oder das Freizeitzentrum Wuhlheide sind überregionale Anziehungspunkte.

Der langgezogene Stadtteil Treptow vereint neben Alt-Treptow auch Niederschöneweide, Baumschulenweg, Johannisthal, Adlershof, Altglienicke und Bohnsdorf. Köpenick umfasst heute neben seiner Altstadt

12 | Treptow-Köpenick

Die Bestände der Mitglieder des Genossenschaftsforums im Bezirk

1	Arbeiter-Baugenossenschaft „Paradies" eG	725 Wohnungen
2	Beamten-Wohnungs-Verein zu Berlin eG	365 Wohnungen
3	Beamten-Wohnungs-Verein zu Köpenick eG	1.773 Wohnungen
4	Berliner Bau- und Wohnungsgenossenschaft von 1892 eG	253 Wohnungen
5	GeWoSüd Genossenschaftliches Wohnen Berlin-Süd eG	65 Wohnungen
6	Wohnungsbaugenossenschaft „Amtsfeld" eG	2.449 Wohnungen
7	Wohnungsbaugenossenschaft „Berolina" eG	447 Wohnungen
8	Wohnungsbaugenossenschaft DPF eG	976 Wohnungen
9	Wohnungsbaugenossenschaft Köpenick Nord eG	3.411 Wohnungen
10	Wohnungsbau-Genossenschaft „Treptow Nord" eG	4.414 Wohnungen
11	Wohnungsgenossenschaft Johannisthal eG	1.714 Wohnungen
12	Wohnungsgenossenschaft MERKUR eG	224 Wohnungen
13	Wohnungsgenossenschaft Neukölln eG	156 Wohnungen
14	Wohnungsgenossenschaft „Treptow-Süd" eG	1.375 Wohnungen

die Ortsteile Oberschöneweide, Friedrichshagen, Rahnsdorf, Müggelheim, Grünau und Schmöckwitz.

Die Berliner Genossenschaftsbewegung hat im Bezirk ihre Ursprünge. Die Anfänge reichen auf die Gründung der Berliner Baugenossenschaft im Jahr 1886 in Adlershof zurück, an die heute noch die Genossenschaftsstraße erinnert. Als Alternative zu den berüchtigten innerstädtischen Mietskasernen wurden Köpenick und Treptow seitdem zum Ausgangspunkt weiterer genossenschaftlicher Initiativen. Sowohl gartenstädtische Siedlungen in Bohnsdorf und auf dem Falkenberg als auch urban geprägte Wohnanlagen in Köpenick bestimmen das Bild des Bezirks wesentlich mit. Auch die erste Berliner Arbeiterwohnungsbaugenossenschaft der DDR-Zeit, die AWG 1. Mai, wurde hier im April 1954 gegründet.

Wohnhaus in der heutigen Buntzelstraße 123, Aufnahme von 1904

WOHNEN IM GENOSSENSCHAFTLICHEN „PARADIES“

1929–30 errichtete Taut-Bauten im „Gehag-Stil“

Die von der 1902 gegründeten Arbeiter-Baugenossenschaft „Paradies“ zwischen 1905 bis 1939 errichtete gartenstädtische Siedlung ist heute vor allem wegen der vom Architekten Bruno Taut geplanten Bauabschnitte aus den 20er Jahren bekannt. Nach Anfängen in der Paradiesstraße im eher traditionellen Stil war es ab 1925 durch die Mitgliedschaft im gewerkschaftlich-gemeinwirtschaftlichen Gehag-Verbund möglich, professionelle Unterstützung in der Entwurfsplanung, Baubetreuung und Finanzabwicklung zu erhalten.

So spiegeln die folgenden Etappen die Weiterentwicklung des Neuen Bauens wider: von Doppelhäusern mit Satteldach an der Polkwitzer Straße bis zu Neubauten mit Flachdächern im Stil der neuen Sachlichkeit entlang der Hundsfelder- oder Buntzelstraße. Hinzu kam die in dieser Zeit charakteristische Farbgebung mit intensiven Gelb- und Rottönen.

Arbeiter-Baugenossenschaft „Paradies“ eG

- Bauzeit: I 1905–39, II 2009
- Wohnungen: 725
- Architekten: I Matthias, Oertel, Taut u.a. II Worreschk (Wohnpark Paradies)
- Lage: Ortsteil Bohnsdorf, zwischen Paradies-, Buntzel-, Dahme- und Hundsfelder Straße

Charakteristische Farbgebung der 20er Jahre Häuser in der Pitschener Straße

Seit den genossenschaftlichen Ursprüngen, in denen sich die Gründer „ein Paradies auf Erden in Bohnsdorf bei Berlin" schaffen wollten, spielt die Selbsthilfe eine wichtige Rolle: in den Anfängen als Eigenleistungen beim Bau der Häuser, heute vor allem bei kleineren Instandsetzungsarbeiten sowie Pflege der gemeinschaftlichen Grünanlagen. Auf einen Quadratmeter Wohnfläche kommen in der „Paradies" immerhin vier Quadratmeter Freifläche. Eine Gartenkommission regelt die für alle verbindlichen Selbsthilfeaktivitäten und schafft damit gleichzeitig die Grundlage für eine aktive Bewohnergemeinschaft, die sich der Qualität ihrer Wohnanlage bewusst ist.

2009 hat die „Paradies" ein an die Siedlung anschließendes Neubauvorhaben mit 96 Wohnungen in der Krumme Straße errichtet. Es führt die historischen Prinzipien des gartenstädtischen Wohnens in der Gemeinschaft fort. Mehrfamilien- und Reihenhäuser mit unterschiedlichen Wohnungsangeboten sind um einen parkartig angelegten Siedlungsplatz gruppiert. Als ökologische Aufwertung wurde ein Holzpellets-Heizsystem ausgewählt.

Neubau im „Wohnpark Paradies"

Hauseingang Gartenstadtweg 29

GARTENSTADT FALKENBERG – ZWISCHEN UNESCO-WELTERBE UND NEUBAUIDEEN

Berliner Bau- und Wohnungsgenossenschaft von 1892 eG

Historische Gartenstadt

- Bauzeit: 1913–15
- Wohnungen: 134
- Architekten: Bruno Taut und Heinrich Tessenow (Einzelhaus) Lage: Akazienhof und Gartenstadtweg

„Neue Gartenstadt Falkenberg"

- Bauzeit: 1999–2012
- Wohnungen: 110
- Architekten: Quick/Bäckmann/Quick; Herfelder/Montojo
- Lage: Gartenstadt-, Mandelblüten- und Sternblütenweg, Lindenblütenstraße

Die seit 2008 zum UNESCO-Weltkulturerbe zählende Gartenstadt Falkenberg gilt sowohl bauhistorisch als auch aufgrund ihrer sozialkulturellen Bedeutung als pionierhaftes Beispiel früher Genossenschaftsinitiativen. Ursprünglich von der Deutschen Gartenstadtgesellschaft (DGG) initiiert, richtete sich der Fokus auf das Modell einer Synthese von Stadt und Land.

In Bruno Taut, damals beratender Architekt der DGG, fand die 1910 gegründete „Gemeinnützige Baugenossenschaft Gartenvorstadt Groß-Berlin" einen baukünstlerisch wie sozialreformerisch engagierten Architekten, der mit seinen Entwürfen im Akazienhof und Gartenstadtweg zum Wegbereiter für modernen Siedlungsbau wurde. Dabei gelang ihm mit sparsamen Mitteln, einfache Hausformen in vielfältiger Weise zu kombinieren und – angepasst an die topographische Situation des ansteigenden Geländes – spannungsvolle Raumbildungen zu schaffen.

Das „blaue Haus", Gartenstadtweg 50

Das „schwarze Haus", Gartenstadtweg 84–86

Vor allem die expressive Farbkomposition, die sich in rautenförmigen Mustern an einzelnen Fassaden bis zum leuchtend blauen oder schwarzen Haus steigerte, prägte den Namen „Tuschkastensiedlung". Aufgrund wirtschaftlicher Schwierigkeiten fusionierte die kleine Gartenstadtgenossenschaft 1919 mit dem Berliner Sparsenschaft 1919 mit dem Berliner Spar- und Bauverein (heute: Berliner Bau- und Wohnungsgenossenschaft von 1892 eG)

Nach der denkmalgerechten Rekonstruktion der historischen Bauten sowie der von Ludwig Lesser entworfenen Gartenanlagen entwickelte die „1892" Anfang der 90er Jahre Weiterbaupläne für die „Neue Gartenstadt Falkenberg". Der erste Bauabschnitt wird durch kubische Stadthäuser im Stil der klassischen Moderne bestimmt.

Das 2011 begonnene Vorhaben zeichnet sich sowohl durch generationenübergreifende Angebote aus als auch durch die besondere ökologische Ausrichtung mit Nutzung einer Geothermieanlage.

Der Besuch der alten und neuen Siedlung Falkenberg verknüpft sich heute mit einem Gang durch die 100-jährige Geschichte genossenschaftlicher Gartenstadtideen.

„Neue Gartenstadt Falkenberg", 1. Bauabschnitt

WOHNEN IM GRÜNEN FÜR JUNG UND ALT IN BAUMSCHULENWEG

Blick auf die modernisierten Hauszeilen in der Sonnenallee 389 – 395

Fassadenbemalung am Heidekampweg 133 – 139

Wohnungsbau-Genossenschaft „Treptow Nord" eG

- Bauzeit: 1956 – 69
- Wohnungen: 3.374
- Lage: Wohngebiet zwischen Kiefholzstraße, Eichbuschallee, Köpenicker Landstraße, Sonnenallee, Heidemühler Weg, Frauenlobstraße und Heidekampweg

Das Siedlungsgebiet Baumschulenweg ist mit 3.374 Wohnungen das größte der vier Quartiere der Wohnungsbaugenossenschaft „Treptow Nord" eG. Es erstreckt sich von der Kiefholzstraße bis zur Sonnenallee und beherbergt auch die Verwaltung der Genossenschaft in einem eigenen Geschäftshaus an der Kiefholzstraße 289. Die Mehrzahl der viergeschossigen Wohnhäuser entstand in den 60er Jahren als Typ Q3A, einer Vorstufe des industrialisierten Bauens, und wurde der damaligen AWG (Arbeiterwohnungsbaugenossenschaft) vom Berliner Magistrat zugewiesen.

Viele der ehemaligen Bewohner sind ihrer Genossenschaft, die 1988 aus der Fusion zweier AWGs als „Treptow Nord" entstand und nach 1990 unter bundesdeutsches Genossenschaftsrecht gestellt wurde, bis heute treu geblieben.

Neue Balkonanbauten im Heidekampweg

Mittlerweile ist der gesamte Bestand saniert und modernisiert, etliche Fassaden sowie Dächer wärmeisoliert worden. Die meisten Wohnungen haben neue Bäder, Küchen und vergrößerte oder neue Balkone erhalten.

Dementsprechend hoch ist die Wohnzufriedenheit der Genossenschaftsmitglieder in ihrem ruhigen, von großzügigen Grünflächen durchzogenen Wohngebiet. Ein breites Service- und Dienstleistungsangebot unterstützt das „Wohnen für ein ganzes Leben", dazu zählen zwei Gästewohnungen sowie ein Mitgliedertreff in der Kiefholzstraße 159 als sportliche und kulturelle Begegnungsstätte.

„Tag der offenen Tür"
am 25. April 2012,
Bauphysik-Stand auf der
Wiese am Mitgliedertreff

GENOSSENSCHAFTLICHE TRADITIONEN IN ADLERSHOF

Balkonanbauten in der Neltestraße 12–20

Die Geschäftsstelle in der Neltestraße 2

Wohnungsgenossenschaft „Treptow-Süd" eG

- Bauzeit: 1956–68
- Wohnungen: 807
- Lage: Adlergestell, Dörpfeld-, Friedlander-, Nelte-, Selchow-, Vimy-, Vogelbeer-, Wassermann- und Zinsgutstraße

Unmittelbar am Waldgebiet Köllnische Heide gelegen, entstand in den 50er und 60er Jahren in geschichtsträchtiger Umgebung das Wohnquartier Adlershof. 1886 war hier in der benachbarten Helbig- und Genossenschaftsstraße von der neugegründeten Berliner Baugenossenschaft eine Kolonie mit Erwerbshäusern errichtet worden.

Sieben Jahrzehnte später erstellte die AWG „TRIBÜNE" (ab 1990 WG „Treptow-Süd" eG) ihr erstes Haus in der Selchowstraße, damals noch mit umfangreicher Selbsthilfe der Mitglieder. Mit dem Übergang zu industriellen Baumethoden gab die AWG ab den 60er Jahren ihre eigene Bautätigkeit auf und erhielt ihre Wohnungen von der Stadt zugeteilt. Dabei entwickelte sich das nördliche Adlershof zum größten der zwei Siedlungsgebiete der Genossenschaft.

Der Mitgliedertreff „Nelte 26"

Mittlerweile sind die Bestände grundlegend modernisiert und u.a. durch Wohnungszusammenlegungen, neue Farbkonzepte und Anbau von Balkonen aktuellen Wohnstandards angepasst. 1998 konnte die genossenschaftliche Verwaltung ins eigene Geschäftshaus an der Neltestraße 2 einziehen.

Mit dem Neubau des Mitgliedertreffs „Nelte 26" eröffnete 2010 eine Einrichtung, die aus dem genossenschaftlichen Leben nicht mehr weg zu denken ist und die traditionell engen nachbarschaftlichen Bindungen vertieft.

Der Treff steht den Bewohnern für private Feiern ebenso zur Verfügung wie für eine Vielzahl öffentlicher Veranstaltungen – von Spiel- und Sportrunden bis zu kulturellen Terminen. Die professionelle Betreuung durch die Genossenschaftsverwaltung wird dabei von einem ehrenamtlichen Kulturbeirat aus Mitgliederkreisen unterstützt.

Modernisierte Wohnhäuser in der Vogelbeerstraße

GENOSSENSCHAFTLICH WOHNEN IN JOHANNISTHAL

Wohnhäuser in der Springbornstraße 144 – 154

Die „Würfelbauten“ an der Stubenrauchstraße Ecke Akeleiweg

Wohnungsgenossenschaft Johannisthal eG

- Bauzeit: 1961 – 69, 1986, 1996 – 97
- Wohnungen: 576
- Lage: Johannisthal, Wohngebiete 6, 7, und 8 in der Springbornstraße, am Sterndamm und Stubenrauchstraße Ecke Akeleiweg

Die heutige Wohnungsgenossenschaft Johannisthal eG (WGJo) entstand im Oktober 1954 als eine der ersten Arbeiterwohnungsbaugenossenschaften (AWG) im Osten Berlins. Nach den frühen baulichen Anfängen am Königsheideweg, bei denen die Mitglieder erhebliche Eigenleistungen erbrachten, erhielt die AWG Johannisthal ihre Bestände nur noch vom Magistrat zugewiesen. Sie entwickelte sich dadurch bis zum Ende der 60er Jahre zu einem der wichtigsten Wohnungsbauträger in Johannisthal.

Die viergeschossigen Hauszeilen im Bereich Springbornstraße und Sterndamm, die als Wohngebiet 6 und 7 der WGJo insgesamt 528 Wohnungen umfassen, wurden in dieser Phase mit den Anfängen der Fertigteilbauweise als Bautyp Q3A errichtet. In den 90er Jahren erfolgten grundlegende Sanierungs- und Modernisierungsarbeiten.

Neugestaltete Fassaden am Sterndamm 202–214

Heute entsprechen die Häuser mit wärmegedämmten Fassaden und Dächern, erneuerten Fenstern, Türen, Bädern und Küchen sowie mit dem Anbau von Balkonen modernen Wohnkomfortansprüchen. Noch vor dem 50-jährigen Jubiläum der WGJo konnten bis 2004 sämtliche Erneuerungsarbeiten abgeschlossen werden, dazu zählte auch die Instandsetzung der beiden „Würfelbauten" vom Typ „Potsdam" in der Stubenrauchstraße/Akeleiweg (Wohngebiet 8) mit insgesamt 48 Wohnungen aus dem Jahr 1986. Die Arbeiten umfassten neben neuen Fassaden und Loggien auch den Einbau von Fahrstühlen.

Im Wohnquartier befindet sich am Sterndamm 200 a seit 1997 zudem das neue Geschäftshaus, das die Verwaltung der insgesamt 1.714 Wohnungen umfassenden Genossenschaft beherbergt. Zum kommunikativen und räumlichen Mittelpunkt entwickelt sich die Begegnungsstätte am ehemaligen Waschhaus in der Stubenrauchstraße 52 a, die allen Mitgliedern für selbstorganisierte Aktivitäten zur Verfügung steht.

Die neue Begegnungsstätte in der Stubenrauchstraße 52 a

GENOSSENSCHAFTSERBE UND NEUBAUPLÄNE IN KÖPENICK

Saniertes Wohnhaus in der Bahnhofstraße

Beamten-Wohnungs-Verein zu Köpenick eG

- Bauzeit: 1913, 1922–30, 2013–14
- Wohnungen: 1.773
- Architekten: Wagenknecht, Kaiser
- Lage: I Hämmerlingstraße, II Bahnhofstraße, Biesdorfer Straße, III Borgmann-, Thürnagel-, Gelnitz-, Weinberg- und Parrisiusstraße

Der im Jahr 1908 gegründete Beamten-Wohnungs-Verein zu Köpenick engagierte sich als erster genossenschaftlicher Bauherr in der namensgebenden Gemeinde, damals noch Vorort der Metropole Berlin, um den hier ansässigen Bediensteten der öffentlichen Betriebe und Beamten ein adäquates Heim zu schaffen. Das 1913 kurz vor dem Ersten Weltkrieg errichtete Stammhaus in der Hämmerlingstraße 99 blieb jedoch ein Unikat.

Erst in den 20er Jahren gelang es der Genossenschaft, im nun eingemeindeten Bezirk Köpenick, Wohnungsbau im größeren Stil in den Bereichen Öttingsfeld, Köpenicker Dammvorstadt und Spindlersfeld zu errichten. Hier war zwischen 1921–30 vor allem der „Hausarchitekt" Willy Wagenknecht, in späteren Phasen in Kooperation mit seinem Partner Heinrich Peter Kaiser, federführend und prägte durch seinen traditionell orientierten Baustil ganze Stadtteile mit.

Repräsentativer Eckbau an der Borgmann- und Thürnagelstraße

Besonders zwei Wohnbereiche sind charakteristisch für das genossenschaftliche Köpenick der 20er Jahre: Die Gegend südlich des Bahnhofs Köpenick zeigt eine typische viergeschossige Straßenrandbebauung, die großzügige, geschlossene Innenhöfe umschließt.

Die zwischen 1927–30 errichtete Wohnanlage im Bereich Borgmann-, Thürnagel- und Gelnitzstraße bildet mit gebogenen Straßenführungen, Ehrenhöfen, Turmbauten und Schmuckdetails ein geschlossenes Ensemble, das bis heute genossenschaftlichen Wohnungsbau wirkungsvoll repräsentiert. Erst nach der Wende konnte die Genossenschaft ihren Wohnungsbestand wieder in eigener Regie übernehmen. Seitdem erfolgten aufwändige Sanierungs- und Modernisierungsarbeiten.

Neben dem Stammhaus in der Hämmerlingstraße plant die Genossenschaft derzeit den „Wohnpark am Wuhle-Ufer". Die in Niedrigenergiebauweise konzipierten neun Mehrfamilienhäuser werden entsprechend „KfW-Effizienzhaus 55" errichtet. Nach der Leitidee „Wohnen für alle Generationen" können die Wohnungen von der Tiefgarage bis zur Eingangstür barrierearm erreicht werden.

Geplantes Neubauvorhaben „Wohnpark am Wuhle-Ufer", Fertigstellung Ende 2013/Anfang 2014

Fassadengestaltung am sanierten Q3A-Bau

Neuer Hauseingangsbereich

NEUE UND ALTE WOHNFORMEN AN DER WUHLE

Die heutige Wohnungsbaugenossenschaft „Köpenick Nord" eG ist Rechtsnachfolgerin der ersten, am 29. April 1954 gegründeten Berliner Arbeiterwohnungsbaugenossenschaft AWG „1. Mai". Noch in der DDR-Zeit wuchs der Wohnungsbestand kontinuierlich an und erstreckt sich heute auf die Ortsteile Köpenick-Nord, Grünau und Köllnische Vorstadt.

Das größte Wohngebiet der Genossenschaft, teils direkt an der idyllischen Wuhle gelegen, befindet sich im nördlichen Köpenick. Die viergeschossigen Häuser des Bautyps Q3A entstanden zwischen 1960–61. Im Zuge umfangreicher Modernisierungsarbeiten wurden in den letzten Jahren nicht nur Fassaden neu gestaltet und energetische Maßnahmen durchgeführt, sondern auch zeitgemäße Bäder und Heizanlagen installiert.

Wohnungsbaugenossenschaft Köpenick-Nord eG

- Bauzeit: 1954–64, 1989
  Neubau I 2006, II 2012–13
- Wohnungen: 1.480
- Architekten: I HTPS, II Sypereck
- Lage: Köpenick-Nord,
  zwischen Mahlsdorfer-,
  Kaulsdorfer- und Hoernlestraße

Das 2006 errichtete Neubauprojekt „Zum Wuhleblick"

Als Reaktion auf gewachsene Bedürfnisse der zumeist älteren Bewohner wurde im Jahr 2006 das Neubauprojekt „Zum Wuhleblick" errichtet. Unter dem Motto „Service-Wohnen" entstanden 75 barrierefreie Wohnungen mit einem zusätzlichen Concierge-Dienst und diversen Gemeinschaftsräumen im Haus. Ein weiterer Treffpunkt wurde inzwischen mit einem umgebauten Waschhaus in der Kaulsdorfer Straße 230 geschaffen.

Im April 2012 fiel der Startschuss für das aktuelle Bauvorhaben „Wuhlebogen" in der Kaulsdorfer-/Ecke Hoernlestraße. Auf einem unbebauten Grundstück der Genossenschaft wird durch generationsübergreifende Wohn- und Nutzungsangebote auch die Aufwertung des Gesamtquartiers erzielt. Neben 43 komfortablen Wohnungen sind drei betreute Wohngemeinschaften sowie Gewerbe- und Dienstleistungen vorgesehen.

Mitgliederteffpunkt im umgebauten Waschhaus

Neubauvorhaben „Wuhlebogen"

Kietzer Vorstadt: Müggelheimer Straße 39–44

Allendeviertel I: Salvador-Allende-Straße 23

Wohnungsbaugenossenschaft „Amtsfeld" eG

- Bauzeit: 1971–89
- Wohnungen: 2.449
- Lage: Salvador-Allende-, Wendenschloßstraße (Allende I) Erwin-Bock- und Alfred-Randt-Straße, Müggelschlößchenweg, Grüne Trift (Allende II) Müggelheimer Straße (Kietzer Vorstadt)

WOHNEN IN DER GROSSSIEDLUNG ZWISCHEN ALTSTADT UND WALDRAND

Die 1972 als AWG Amtsfeld gegründete, später in AWG „8. FDGB-Kongreß" umbenannte Genossenschaft hat ihren Bestand von rund 2.500 Wohnungen auf drei größere Bereiche östlich der Altstadt von Köpenick verteilt: Allende I, Allende II und Kietzer Vorstadt, in der auch der heutige Geschäftssitz liegt.

Im Zuge neuer sozialpolitischer Ausrichtung von Partei, Gewerkschaft und Rat des Stadtbezirks Köpenick waren auf dem ehemaligen Amtsfeld vor allem Angebote für junge Familien und Beschäftigte der Köpenicker Großbetriebe geschaffen worden, was noch heute an den großzügig geschnittenen 5-Raum-Wohnungen ablesbar ist. In Solidarität mit der chilenischen Volksfrontregierung kam es 1973 zur Umbennung des Wohngebiets in „Allendeviertel", das in der DDR-Zeit zu einem Vorzeigequartier für modernes, familiengerechtes Wohnen in der Großsiedlung wurde.

Allendeviertel II: Erwin-Bock-Straße 2–8

Seit der Wende hat die Genossenschaft ihren Ursprungsnamen wieder erhalten, ist von der AWG zur eG umgebildet worden und erfuhr grundsätzliche Umstrukturierungen. Vor allem ihr Wohnungsbestand wurde umfassend saniert: von Modernisierungen im Innenbereich bis zu energetisch ausgerichteten Fassaden, Aufzugs- und Loggienanbauten sowie neuen Wohnumfeldgestaltungen.

Neben Plänen zum Weiterbau ab 2012 steht die Förderung des Siedlungslebens durch Beiräte, Hoffeste und auch im genossenschaftlichen „Amtsfeldtreff" für die Bewohner im Vordergrund.

Aktivität im „Amtsfeldtreff"

Hoffest im Müggelschlößchenweg

LITERATURAUSWAHL VON SCHRIFTEN DES GENOSSENSCHAFTSFORUMS

Bauen für die Gemeinschaft
Genossenschaftliche Entwicklungslinien in Berlin; 2008

Anders Leben in Genossenschaften
Formen gelebter Demokratie; 2007

Zwischen Staat und Markt
Berliner Genossenschaften in der Ära des sozialen Wohnungsbaus; 2005

Wohnungsgenossenschaften im Stadtquartier
Von der Reforminsel zum städtischen Akteur; 2005

Die AWG – Ein Genossenschaftsmodell der DDR
Berliner Entwicklungslinien seit 1954; 2004

ABBILDUNGEN

Wenn nicht anders vermerkt, stammen historische Abbildungen sowie Neufotos aus den Archiven des Genossenschaftsforums e.V. bzw. der jeweiligen Mitgliedsgenossenschaften.

Gesondert genannte Fotografen (Seitenzahlen mit Nummerierung von oben nach unten):

Amann, S.42 (1.), S.77 (3.), S.121 (2.), S.136,137 (1.), S.141 (2.), S.157 (1.); Brenne, S.146,147 (1.,2.); Dombrowsky, S.50,51; Engel, S.152,153; Fotogruppe Ortoklick, S.75 (1.); gender+ S.124 (2.); Kotte, S.94; Laubner, S.21 (1.), S.67 (2.), S.87 (1.); Luftbild Heye, S.43; Merkau, S.14,15, S.108,109, S.116,117, S.124 (1.); Oltmann Reuter, S.24,25, S.76, S.77 (1.,2.); Schapke, S.137 (3.); Schäfer, S.46 (2.); Schlemmer, S.81 (1.); Schmieding, S.20,21 (2.), S.87 (2.), S.123 (2.), S.126; Steinhausen, S.54 (1.); Westrich, S.95